Goswin von der Ropp

Kaufmannsleben zur Zeit der Hanse

EHV
HISTORY

Goswin von der Ropp

Kaufmannsleben zur Zeit der Hanse

ISBN/EAN: 9783955642303

Auflage: 1

Erscheinungsjahr: 2013

Erscheinungsort: Bremen, Deutschland

EHV
HISTORY

Pfingstblätter
des Hansischen Geschichtsvereins.
Blatt III. 1907.

Kaufmannsleben zur Zeit der Hanse.

Von

G. Frhr. von der Ropp.

Leipzig,
Verlag von Duncker & Humblot.
1907.

Seit der Begründung unseres Vereins erfreut sich die hansische Geschichte einer stetig wachsenden Teilnahme weiterer Kreise, und in zunehmendem Maße sind ältere und jüngere Kräfte beschäftigt, ihre verschiedenen Gebiete aufzuhellen. Naturgemäß standen und stehen dabei zunächst die äußere und innere politische Geschichte der Hanse und ihrer einzelnen Angehörigen im Vordergrunde, dann kamen, entsprechend dem Fortschreiten in der Erschließung der Quellen, Verfassung und Recht, Handel und Gewerbe usw. an die Reihe. Hier mag es nun gestattet sein, eine Seite in dem Leben unserer Vorfahren ins Auge zu fassen, welche unscheinbarer und Dank der im ganzen mißlichen Beschaffenheit des Materials schwerer faßbar, unser Interesse gleichfalls beanspruchen darf. Denn wollen wir ein tunlichst vollständiges Bild von der althansischen Zeit gewinnen, so müssen wir auch des alltäglichen Tun und Treibens der Einzelmenschen gedenken, und dazu wollen die folgenden Blätter einen Beitrag liefern. Sie beschränken sich auf den Lebenswandel des Kaufmanns und erheben nicht entfernt den Anspruch auf eine Erschöpfung selbst nur dieses Themas; wohl aber beabsichtigen sie, Hinweise zu geben, in welcher Richtung neben bereits Veröffentlichtem Archive, Bibliotheken und auch Museen auf noch ungehobene oder unbearbeitete Schätze hin zu durchforschen sind.

Ein Übelstand kann freilich nicht verhehlt werden, und namentlich Gustav Freytag hat ihn in seinen Bildern aus der deutschen Vergangenheit wiederholt betont. Dem wirklichen Leben und Wesen des mittelalterlichen Menschen ist recht schwer nahezukommen. Es mutet uns anfangs fremdartig an, ja stößt uns vielfach ab. Doch ist es im Grunde weniger die einzelne Erscheinung, welche uns so seltsam berührt, als das ganze Denken und Empfinden und die Art und Weise zu leben. Der einzelne Mensch ist unfreier, gebundener, der Gesamtheit, sei es seines Landes, sei es seiner Mitbürger in der Stadt weit mehr untergeordnet als heute.

Ordnung und Zucht halten das Ganze weit straffer zusammen, während in Sitte und Gebrauch, in Glauben und Recht das Individuum seine Eigenart und seine Gaben in weit geringerem Maße selbständig zu betätigen imstande war. Die Gemeinschaft regelt den größten Teil seines Tuns. Wie bereits die alten Götter und Helden in der Walhalla gesellig lebten und gemeinsam untergehen, so erscheint auch jede größere politische Kraftentwicklung in unserer hansischen Periode in der Form eines Bündnisses oder einer Genossenschaft. Dabei sind es im wesentlichen stets gleichberechtigte Elemente, die sich zusammenschließen, Fürsten, Ritter, Städte, und jede solche Verbindung strebt danach, sich nach außen hin abzuschließen, nach innen durch eine Organisation zu kräftigen. Je kleiner der Kreis, desto straffer die Zucht. Die Stadtgemeinde überwacht jedes, auch das rein private Tun ihrer Angehörigen, und begleitet diese mit ihren Verordnungen von der Geburt bis zum Begräbnis, ebenso die Zunft Arbeit und Leben ihrer Genossen. Alles wird festgestellt und vorgeschrieben.

Auch der Kaufmann unterliegt ähnlichem Zwange. Auch er ist daheim wie als Gast in der Fremde den örtlichen Vorschriften über Kauf und Verkauf unterworfen; er führt auf den auswärtigen Kontoren, zumal in Nowgorod und Bergen, aber auch in London, ein fast mönchisches Dasein in enger Tischgesellschaft mit seinen Genossen; er untersteht bei Meerfahrten der Gerichtsbarkeit des gemeinsamen Admirals, und dergleichen mehr. Indes der Handel, der große wie der kleine, fordert zu allen Zeiten und so auch im Mittelalter eine gewisse Selbständigkeit und Freiheit der Bewegung, und er läßt deshalb das Leben des einzelnen Kaufmanns, ungeachtet aller Schranken, nicht so ausschließlich in der Gemeinschaft zum Ausdruck gelangen wie das bei dem zünftigen Handwerker der Fall ist. Und dieser Überschuß an selbständigen Zügen setzt den Kaufmann in den Stand, sowohl die Führung des Regiments in seiner Heimatsstadt zu übernehmen, als auch die innere Unfreiheit des mittelalterlichen Menschen mit am ehesten zu überwinden.

Von einem hansischen Kaufmann können wir vor dem 12./13. Jahrhundert nicht gut reden. Erst in dieser Zeit wuchs er gewaltig in die Höhe, ähnlich wie sein oberdeutscher Genosse.

Dieser gedieh im Gefolge der Kreuzzüge, welche den Handel der westeuropäischen Mittelmeergestade so außerordentlich belebten, jener durch die Kolonisation der ostelbischen Lande. Die Wege beider Gruppen gingen auf lange hin in recht bezeichnender Weise auseinander. Der oberdeutsche Handel gravitierte nach dem Süden und Südwesten, und namentlich Italien wurde die hohe Schule auch für den einzelnen Kaufmann. Aber die fraglos höhere Bildung und Kultur und die größere Selbstherrlichkeit der italienischen Kommunen gestattete dem nordalpinen Gaste keine volle Bewegungsfreiheit, keinen festen Zusammenschluß. Der oberdeutsche Kaufmann überragte demzufolge den norddeutschen vielleicht an Bildung und geselligem Schliff, aber ihm mangelte dafür der Wagemut und das Herrentum des letzteren, welche Seeluft, Selbständigkeit und Zusammenhalten erzeugten.

Die Germanisierung der großen Gebiete im Osten, weit über die heutigen Grenzen des deutschen Reiches hinaus ist ohne Frage die größte Tat des deutschen Volkes im Mittelalter. Sie vollzog sich ohne Zutun von Kaiser und Reich, und um beides haben sich die späteren Hanseaten genau so wenig bekümmert wie Kaiser und Reich um die Hanse. Auch das bedingte einen Gegensatz zwischen dem oberdeutschen und niederdeutschen Kaufmann. Je mehr das Reichsleben sich nach den Staufern auf Südwestdeutschland und die Rheinlande beschränkte, um so stärker wurden die oberdeutschen Gemeinwesen an ihm beteiligt und von ihm in Anspruch genommen. Die norddeutschen standen diesen Dingen fremd gegenüber; ihr Interesse wies sie auf Ost- und Nordsee hin, die politischen Ereignisse in den nordischen Landen berührten sie weit näher. Denn der hansische Kaufmann half nicht nur dem deutschen Ritter und Bauer Ostelbien zu germanisieren, er drang noch weit darüber hinaus in die Nachbarlande vor, und neben den zahlreichen städtischen Neugründungen auf kolonialem Boden entstanden Handelsniederlassungen mancherlei Art in Polen und Rußland, in Skandinavien und England, in den Niederlanden. Bereits im 13. Jahrhundert fixierten sich die hauptsächlichsten Richtungen dieses rasch aufblühenden Verkehrs, und mit den jungen und jüngsten Schwestern wetteiferten selbst entlegene Binnenstädte, zumal in Westfalen, bei dem Ausbau der deutschen Handelsvorherrschaft auf den nordischen Meeren.

Die Ausgestaltung dieses Handels im einzelnen zu verfolgen, ist hier nicht der Ort, wohl aber ist darauf hinzuweisen, daß der Umfang des hansischen Ein- und Ausfuhrhandels im 14. und 15. Jahrhundert, relativ gemessen, kaum geringere Ziffern aufweist als der deutsche Handel zu Beginn des 20. Jahrhunderts; ferner daß speziell die Ostsee damals wie heute die mit am meisten befahrene Wasserstraße war; endlich daß die Massenartikel des täglichen allgemeinsten Bedarfs zu allen Zeiten die Hauptgrundlage eines wirklich gewinnbringenden Verkehrs gebildet haben. Halten wir dies vor Augen, so werden wir die Ein- und Rückwirkungen des hansischen Handels auf den gesellschaftlichen Organismus jener Tage richtiger bemessen, als es noch in jüngster Zeit mehrfach geschehen ist[1].

Der Träger dieses Handels war der Kaufmann, aber erst mit der Zunahme des Verkehrs erwuchs auch der Kaufmannsstand zu einem fester faßbaren Gebilde. Die Grenzen blieben freilich immer flüssige nach oben wie nach unten, denn der Stand beruhte auf dem Beruf, nicht auf der Geburt. In der älteren Zeit wird es wohl nur wenigen Unfreien gelungen sein, in die Anfänge der Kaufmannschaft hineinzukommen. Der Kaufmann wird in der Fremde überall als freigeborener Mann behandelt, und persönliche Freiheit war eigentlich Vorbedingung für sein unbehelligtes Wandern. In unseren meist jüngeren Städten dagegen drang der Rechtssatz „Stadtluft macht frei" — er findet sich zu allererst in Schwerin 1160 — wenn auch hier und da abgeschwächt, frühzeitig durch, und wie im geistlichen Stande so konnte auch im bürgerlichen Leben der Unfreie in geachtete, ja hoch angesehene Lebensstellungen aufrücken. Genau wie in unseren Tagen hat auch im Mittelalter manches Handlungshaus sich aus kleinsten Anfängen in die Höhe gearbeitet und sind stolze Geschlechter wieder an den Bettelstab gelangt.

Andererseits stand der Handwerker dem Kaufmann zwar von Anfang an weder sozial noch politisch vollkommen gleich, aber der Unterschied war geraume Zeit keineswegs so groß, wie er gegen

[1] Vgl. die treffliche Abhandlung von Keutgen, Hansische Handelsgesellschaften vornehmlich des 14. Jahrhunderts, in der Vierteljahrsschrift für Sozial- und Wirtschaftsgeschichte, Band 4 (1906).

Ausgang unserer Periode sich herausgebildet hat. Auch der Handwerker war ein freier Mann und hielt nicht weniger als der Kaufmann auf seine und seines Standes Ehre. Auch er pflegte ebensowenig daheim stille zu sitzen wie jener, und bereits bevor die Gebote des Wanderns für die Gesellen aufkamen, begegnen wir Meistern, Gesellen und Lehrlingen nicht nur auf hansischen Kontoren und den Vitten auf Schonen, sondern auch auf Märkten und Messen recht entfernter Lande. Viel trugen dazu ohne Frage die zeitweise geradezu in Mode stehenden Pilgerfahrten bei, die im Bürgerstande eine ähnliche Rolle spielten wie die zur Kurzweil ausartenden Kreuzfahrten der Ritter nach Preußen. Indessen wenn wir auch vernehmen, daß die Kürschner von Göttingen z. B. einen aus ihrer Mitte auf die großen Hauptmärkte zu entsenden pflegten, damit er den gemeinsamen Bedarf an Alaun, Weinstein, Rotleder u. dgl. m. einkaufe, so schied sich doch der Handwerker in einem Punkte scharf von dem Berufskaufmann: er verkaufte nur und durfte nur verkaufen, was er mit seiner Hände Arbeit erzeugt hatte. So weit mithin der Begriff „Kaufmann" auch gefaßt werden muß, für uns kommt hier nur der Typus des Kaufmanns in Betracht, der nur kaufte, was er verkaufen wollte.

Und ebenso sehen wir hier von dem Krämer ab, so nahe er sich mit dem Kaufmann vielfach berühren mochte. Geiler von Kaisersberg schildert freilich die Laufbahn eines Handelsmannes mit den Worten: „Zuo dem ersten so treyt er in seinem krom in eynem wenlyn (Wagen) hin und her, strell (Kämme) und spiegel. Wann er etwas überkumpt, so wil er darnach ein gedemly (Laden) haben und wurt darnach ein kaufman, und haltet huosz und hört nit uff, er sey denn in einer gesellschaft; noch hört er nit uff als für und für, er wil ein galeen auf dem mer haben." Aber der elsässische Sittenprediger schießt hier gleich vielen seiner Standesgenossen über das Ziel hinaus, und umgekehrt haben wir in Jakob Lubbe aus Danzig ein Beispiel, daß ein tüchtiger Kaufmann ein ehrsamer Krämer wurde. In hansischer Zeit schied man jedenfalls meist scharf zwischen beiden. Die Krämer waren vielerorten zünftig organisiert, und sie durften vor allem stets nur bestimmte Waren und auch diese nur in bestimmten Mengen verkaufen. Eine Gleichförmigkeit herrschte in diesen Ordnungen keineswegs, und die

Abgrenzung der Befugnisse der Krämer war oft eine recht willkürliche; immerhin, die Schranken zwischen Kaufhandel und Kramhandel waren meist fest gezogen, und die soziale Stellung von Kaufmann und Krämer in der Regel eine so verschiedene, daß wir den Krämer hier außer Acht lassen dürfen.

Versuchen wir es hiernach, uns den durchschnittlichen Lebenslauf eines Kaufmanns in althansischer Zeit zu vergegenwärtigen.

Beginnen wir, wie sich's gebührt, mit seinem Eintritt in die Welt, so verliefen Geburt, Taufe und erste Kinderjahre kaum anders als bei sonstigen Sterblichen. Solch reich ausgestattete Wochenstuben freilich, wie sie uns die Griffel von Israel van Meckenem oder Albrecht Dürer (im Marienleben) vorführen, dürften nur wenigen beschieden gewesen sein: die Freude über den Ankömmling war bei Hoch und Nieder in der Regel sicherlich die gleiche. Und an ihr nahmen nicht nur die Hausgenossen teil. Verwandten, Nachbarn, Freunden wurde die Nachricht durch die, häufig mit einem Blumensträußchen geschmückte, Magd des Hauses überbracht; Freundinnen und neugierige Nachbarinnen stellten sich alsbald ein — bei Maria in der Dürerschen Darstellung nicht weniger als elf an der Zahl — und stärkten sich mit reichlicher Speise und Trank zum Wohle von Wöchnerin und Kind. Die städtischen Obrigkeiten bekämpften diese Unsitte aber vergeblich; wer vermag etwas gegen die Frauen, zumal bei solcher Gelegenheit! An manchen Orten bekundete sogar die Gemeinde ihre Teilnahme und lieferte der Kindbetterin ein reichliches Quantum Holz, damit das Kindlein ordentlich gebadet werden könne, doch vermag ich aus hansischen Gegenden leider kein Beispiel dafür beizubringen.

Der Vater scheint der Geburt zumeist nicht beigewohnt zu haben. Er fehlt fast auf allen Kindbettszenen des 15. und 16. Jahrhunderts. Wir vernehmen wohl, daß er die Mägde, die ihm die Nachricht von dem Erscheinen des Sprößlings überbringen, reichlich beschenkt, daß er der trefflichen „bademoder" gern mehr als die vorgeschriebene Gebühr verabreicht, aber nur vom Wallis erzählt uns Thomas Platter, daß dort „die Männer bei den Weibern in ihren Kindesnöten zugegen sein müßten, damit sie dann hernach desto mehr Geduld mit den Weibern hegen".

Die Taufe erfolgte der Forderung der Kirche entsprechend möglichst bald nach der Geburt. Nikolaus Gentzkow, der Bürgermeister von Stralsund[1], ließ seine Tochter am dritten Tage taufen, während von seinen Enkeln der eine am ersten, der andere am zweiten zur Kirche getragen ward. Nur selten wurde die Taufe mit dem ersten Kirchgang der Mutter verbunden, der gewöhnlich nach sechs Wochen stattfand. In dem einen wie in dem anderen Falle wurde dabei ein erheblicher Aufwand getrieben, nicht nur beim Gange zur Kirche, sondern mehr noch beim Mahle nach der Heimkehr, so daß wohl in allen Städten zahlreiche Verordnungen gegen die Schmausereien und das Übermaß der Patengeschenke erlassen worden sind. Geholfen haben sie wenig, denn so willkommene Gelegenheiten zum Feiern und Prunken ließ man sich ungern entgehen. Selbst wohlbestallte ehrsame Mitglieder des Rates zahlten lieber die Bußen, welche auf Übertretung der Zahl der Gäste und der Gerichte gesetzt waren. Als Frau Bürgermeister Gentzkow 1561 ihren Kirchgang hielt, hatte sie „beide dorntzen vol vruwen ane wat in den kemnaden sath". Und „upn avend hadde ik ok beide dorntzen und slapkamern vul mans und vruwen; mit den sat ik sulven bet um 2 in die nacht": also weit über die Polizeistunde hinaus. Über die Unkosten tröstete sich der Gatte, denn „mi worden van guden luden wol 15 oder 16 stoveken win und claret geschenkt". Kein Wunder, wenn bei solchen Taufschenken oder Kindbetthöfen die erhitzten Köpfe mitunter in Hader und Zwist gerieten, so daß manche Städte diese Gelage nur bei Tage gestatteten oder überhaupt verboten. Erreicht wurde damit kaum etwas, denn man umging nun die Verbote dadurch, daß man die Mahle und Schenken in eine spätere Zeit nach der Taufe oder dem Kirchgang verlegte.

Von dem Verlauf der ersten Kinderjahre vernehmen wir aus hansischen Quellen nur herzlich wenig. Darin stimmen indessen alle Nachrichten überein: die Kindersterblichkeit war eine ganz unverhältnismäßig hohe, ebenso freilich auch der Kinderreichtum der Ehen ein durchschnittlich größerer als heutzutage. Der Reichtum findet seine Erklärung in dem Umstande, daß die Ehen vielfach

---

[1] Sein Tagebuch ist herausgegeben von Zober im 3. Bande der Stralsunder Chroniken.

schon in recht frühem Lebensalter geschlossen wurden und Wiederverheiratungen von Witwen und Witwern die Regel waren. Die Sterblichkeit werden wir hauptsächlich dem damaligen Stande der ärztlichen Kunst zuzuschreiben haben. Mit ihrer Unmenge von Medizinen und Hausmitteln aller Art behandelte sie nicht nur das neugeborene Kind in der Wiege, sondern unterstützte auch sein Zahnen, Gehen- und Sprechenlernen mit Dingen, die wie der Gebrauch von Wolfs- und Pferdezähnen und ähnlichen Amuletten selbst jetzt noch nicht ausgestorben sind. Auch mangelt es nicht an Beispielen, wo der Kampf ums Dasein Vater und Mutter zwang, die Kleinen zu vernachlässigen. Doch wird die große Mehrzahl sich der sorgfältigen Pflege der Eltern erfreut und das Geschick von Hermann Weinsberg in Köln geteilt haben[1]. Als er drei Jahre alt, erhielt er von der Großmutter den ersten Anzug, ein blaues Röckchen und rotes Hütchen mit hohen runden Aufschlägen, und gefiel darin der Mutter ganz ungemein. „Fillicht," fügt er schalkhaft hinzu, „do ich miner mutter irste kind war, dochte sei, ich weire seir schoin; dan ein jeder dunket sin ulgin[2] ein deufgin[3] sin." Und wenn uns Hermann weiter erzählt, daß er „puer puerilia tractavi", den Eltern aus dem Hause entlaufen sei, um sich mit Gespielen auf der Straße zu vergnügen: so sind das Züge, die sich allerwärts wiederholt haben werden. Auch Bartholomäus Sastrow berichtet, daß er in seinen kindlichen Jahren zu Greifswald „fast wilt" gewesen, aber seine Mutter „auch Barthelmewese dagegen gegeben, was er wol verdient hette[4]."

Die für Vornehme und Geringe gleich sorgenlose Kinderzeit ging vorbei, und mit dem Eintritt in die Schule begann das Alter, an dessen Erlebnisse so manche unserer Gewährsmänner sich nachmals mit mehr oder minder gemischten Gefühlen erinnerten. Denn eine, meist mehrere Schulen hat jeder spätere Kaufmann durchlaufen. Der Franziskanerbruder Berthold von

---

[1] Seine Denkwürdigkeiten sind von Höhlbaum und Lau in 4 Bänden herausgegeben worden (Publikationen d. Gesellsch. f. rhein. Geschichtskunde XVI).

[2] Kleine Eule.

[3] Täubchen.

[4] Sastrows Autobiographie hat Mohnike 1823 in 3 Bänden herausgegeben.

Regensburg durfte im 13. Jahrhundert seinen Zuhörern noch zurufen: „ir leien kunnet nit lesen als wir pfaffen; im 14. und 15. Jahrhundert änderte sich dieses in den Städten ganz gewaltig. In jedem größeren Stadtarchive finden wir neben den Erzeugnissen der Kanzlei eigenhändige Briefe oder Einträge nicht nur von Ratmannen und städtischen Beamten, sondern auch Rechnungen einfacher Handwerker, ja auch von Landleuten, und in dem Gildebuch der göttinger Kaufmannsgilde haben die Gildemeister von 1380 ab jedes neuaufgenommene Mitglied selbst eingetragen. Die Schriftzüge solcher Akten sind ungelenk und unbeholfen, die Feder gehorcht sichtlich nur widerstrebend der Führung der Hand, dennoch zeugen diese oft unscheinbaren Aufzeichnungen von der Erlernung der schwierigen Schreibkunst durch die Verfasser trotz des Mangels jedes Schulzwanges. Und sind die Ergebnisse unserer Volksschulen bei Leuten, deren späterer Beruf sie selten zur Feder greifen läßt, viel bessere?

Das Schulwesen jener Tage war nicht einheitlich geregelt, vielmehr machte sich auch bei ihm die mittelalterliche Gewohnheit geltend, die öffentlichen Verhältnisse nicht nach einem bestimmten, konsequent durchgeführten Prinzip zu regeln, sondern nach örtlichen und sonstigen, mitunter recht verschiedenen Bedürfnissen und Rücksichten. Auch war die Schule ursprünglich nicht Sache des Staates oder der Stadt, sondern der Kirche, und hieraus entsprangen nicht selten ärgerliche Zwiste zwischen Kirche und Stadt. Das mit dem Wachstum der Stadt und der raschen Entwicklung des wirtschaftlichen Lebens sich stetig steigernde Unterrichtsbedürfnis rief schon im 13. Jahrhundert neben den Stifts-, Kloster- und Pfarrschulen neue Anstalten ins Leben, welche gewöhnlich Stadt- oder Ratsschulen genannt werden, weil sie meist im Anschluß an solche Pfarrkirchen gegründet wurden, über welche dem Rat das Patronat oder ein Aufsichtsrecht zustand. Als Patron oder auf Grund von Leistungen für die Schulen beanspruchte und erlangte der Rat einen Einfluß auf diese. Er nahm die Schulmeister, in der Regel auf ein Jahr, in den Dienst, erließ Schulordnungen, soweit von solchen damals überhaupt die Rede war und ähnliches mehr, kurz, trat schließlich häufig in jeder Hinsicht als Schulherr auf. Kam es darüber zu Zwisten mit der Geistlichkeit, wie in Lübeck, Hamburg, Braunschweig,

Reval z. B., so handelt es sich im Grunde fast immer um die Einnahmen aus dem Schulgeld. Der alte Scholastikus ließ sich ungern den Gewinn entgehen, aber auch die Stadt honorierte bis gegen Ausgang des Mittelalters den Schulmeister nicht nur nicht, sondern bedang sich von ihm vielmehr noch einen Anteil am Schulgelde aus. So in Göttingen, doch kam die Einnahme dem Schulgebäude zugute. Im Wesen der Schulen wurde dadurch nichts geändert, nur wurde der Unterricht in den städtischen hier und da auf die Elementarfächer beschränkt, und sollten die Schüler, sobald sie „ad majorem cantum habiles inventi fuerint et puerilia postposuerint", den Stiftsschulen überwiesen werden[1].

Neben diesen öffentlichen Schulen gab es indessen in unserer Periode an recht vielen Orten private Schreibschulen sowie eigene Rechenmeister, bei welchen namentlich junge Kaufmannssöhne die schwierige Kunst der Arithmetik und Geometrie sich aneignen konnten, und schließlich mangelte es auch auf dem Lande keineswegs an Dorfschulen. Jakob Lubbe wuchs in Lichtenau bei Marienburg auf und besuchte bis zum zehnten Lebensjahre die Schule seines Heimatsdorfes. Dann erst nahm ihn sein Vater zum Dominikusmarkt nach Danzig mit und brachte ihn bei einem Verwandten unter, damit „er da follends zur schulen ging"[2]. Kurz, an Gelegenheiten, Schulkenntnisse zu erwerben, fehlte es wahrlich nicht, und schon die Notwendigkeit zwang den späteren Handwerker wie Kaufmann dazu, sie sich in geringerem oder größerem Umfang anzueignen.

Gestaltung und Stoffe des Unterrichts wiesen dabei im Mittelalter keine sonderlichen Fortschritte auf, und erst seit dem 16. Jahrhundert führte die einseitige Wertschätzung der klassischen Bildung einen Wandel, aber auch eine Trennung unter den Bürgern herbei. Denn der Humanismus wirkte zwar umgestaltend auf den Unterricht an den Universitäten und auf deren Verhältnis zu den Lateinschulen ein, und bereitete infolgedessen auch dem Unwesen der fahrenden Schüler ein Ende, aber er schob damit auch

---

[1] So in Hamburg nach dem Vergleich von 1289, gedr. bei Meyer, Gesch. d. Hamb. Schulwesens, S. 196.

[2] Lubbes Familienchronik hat Hirsch in Script. rer. Prussicarum 4 herausgegeben.

dem im Mittelalter überaus häufigen Hin- und Herwandern der jungen Leute vom Gewerbe zum gelehrten Stande und umgekehrt einen Riegel vor, und er schädigte damit beide Stände.

Bis dahin, d. h. bis zur Invasion des Humanismus, wurde der Unterrichtsbetrieb auf unseren Schulen von der Kirche bestimmt und umfaßte, abgesehen von Lesen, Schreiben, Rechnen, nur noch Latein und Kirchengesang. Sein Endzweck war eben nicht auf Wissenschaft und Bildung an und für sich selber gerichtet, sondern auf das rein Religiöse und Kirchliche und auf die Bedürfnisse des praktischen Lebens. Die braunschweiger Schulordnung von 1478 faßt die Pflichten des Schulmeisters dahin zusammen, daß er den Schüler lehren soll „gude sede unde de frigen kunste na wontliker wise, unde sunderliken dat se latin spreken unde oren sangk leren". Der Gesangunterricht beschränkte sich jedoch auf das Einüben dessen, was in der Kirche gesungen wurde, und wohl überall mußten die Schüler beim Gottesdienste mitwirken; das Lateinlernen wiederum hatte weniger den Zweck, den Verstand, d. h. das formale Denken zu üben, als den Schüler zu befähigen, dem Gottesdienste zu folgen und Latein zu sprechen und zur Not auch zu schreiben. Die antiken Klassiker mit ihrem Geist und Gemüt erfrischenden Inhalt traten vollständig zurück, die Grammatik mußte dafür Ersatz leisten, aber die Absicht, die Kenntnis der allgemeinen Geschäftssprache zu vermitteln, wurde erreicht[1]. Das Eindringen der Volkssprachen in die Kanzleien erpreßte freilich bereits im 13. Jahrhundert dem Florentiner Boncompagni die auch für die Hanseaten zutreffende Klage, daß die Kaufleute in ihren Briefen jeden Schmuck der Rede verschmähen und sich ihres heimischen Idioms oder eines verderbten Latein bedienen[2]; im internationalen Geschäftsverkehr konnte der Gewerbsmann darum der Kirchensprache doch nicht entbehren.

---

[1] Paulsen, Gesch. d. gel. Unterrichts, S. 25, führt ein Exercitium puerorum grammaticale aus dem 15. Jahrhundert an, an dessen Schluß sich die für uns nicht uninteressante Reklame befindet: wer dieses Buches sich bedient, es sei Mann oder Weib, Kleriker oder Kaufmann, kann es ohne Lehrer und ohne viel Mühe zur Vollkommenheit in der Grammatik bringen.

[2] Mercatores in suis epistolis verborum ornatum non requirunt, quia fere omnes et singuli per idiomata propria seu vulgaria vel per

Die A-B-C-Schützen wanderten in der Regel im sechsten Lebensjahre zum ersten Male in die Schule, so Weinsberg und Sastrow, der Stralsunder Wessel im siebenten[1]. Weinsberg vertauschte nun „die kleidergin und pelz bis uff die fois hinab“ mit „broichhosen und wambis“ und mußte lernen „still sitzen und swigen“. Übereinstimmend berichten alle drei, daß sie Lesen und Schreiben gelernt und in der Grammatik unterrichtet worden seien, so daß „he von der latinschen sprake etwas vorstan konde“, wie es von Wessel, der nur eine Schule besuchte, bemerkt wird. Vom Gesang ist bei ihm nicht die Rede, während Weinsberg bescheiden erzählt „hab auch cantum choralem geleirt, mehe ex usu dan ex arte“, Sastrow dagegen mit sichtlichem Stolze berichtet: moste in die palmarum, nachdem ich die vorgehenden jare erstlich das kleine, darnach das grosse Hic est, und nach demselben das Quantus singen. Das war den knaben eine grosse ehre und iren eltern nicht die geringste freude, dan man gebrauchte darzu aus den schulen die wackersten knaben, die sich nicht entsetzten fur der grossen menge der kleresei, auch weltlicher personen, und mit heller stimme sonderlich das Quantus herausser heben konnten“.

Die Zucht war überall eine strenge, und die Strafen spielten eine große Rolle. Vergessen war der schöne Spruch Walthers von der Vogelweide:

> Nieman kan beherten
> kindes zuht mit gerten:
> den man z'eren bringen mac,
> dem ist ein wort als ein slac.

Im Gegenteil, Stock und Rute gehörten zu den unentbehrlichsten Hilfsmitteln des Unterrichts, so daß selbst das aus dem Jahre 1356 erhaltene Siegel der Schule zu Hözter einen Schulmeister darstellt, der mit faltenreichem Talar und einer runden Mütze bekleidet, in der erhobenen Rechte die Rute über einem vor ihm knienden Knaben schwingt. Auch auf den zahlreichen bildlichen Darstellungen von Schulszenen aus dem Mittelalter fehlt die

---

corruptum latinum ad invicem sibi scribunt et rescribunt, intimando sua negotia et cunctos rerum eventus. Rockinger, Briefsteller, I, 173.

[1] Das Leben Wessels von Dröge hat Mohnike als Anhang im 3. Bande der Sastrowschen Autobiographie abdrucken lassen.

Rute als Standessymbol nur selten in der Hand des Lehrers, mindestens liegt sie handrecht neben ihm. Die humorvolle Schilderung der Strafmethode des wohlverdienten Schulmeisters Michel Wichmann zu Limmer aus dem 17. Jahrhundert trifft auch für die frühere Zeit zu. In der ihm gewidmeten viel zitierten Leichenpredigt lautet es[1]: „Use seeliger schaulmester empfund ook seyn deil, man weet wol wat dat heet: jugend hat keine tugend. Aberst he was'r braaf achter an, wenn sie maudwillig wören oder öre leckschonen nich leered hadden. He ging aber nich met se um as een böddel oder tyrann, de se schinnen un fillen wull oder se alle över eenen kamm schoor. Naedem eener sündigede, naedem ward he straft. Eerst kreeg he oorfygen, herna handsmette oder knypkens, dann kreg he eenen leddernen aars vull, dan toog he ööme ganz stramm in de höögde, dat dat hinnerkasteel ganz prall word, mit dem stokk vor de böxen. Nu wen he et gar to grov maakt hadde, endlich eenen rechten met der raude vor den blooten steert, nach der ermahnung des weisen königs Salomon: Wer sein kind lieb hat, der hält es unter der ruthen. De rauden hadde he vörher int water leggt, dat se beter dörtrokken; un de strafe is ook am besten, da behold de jungens heile knoken by. — Mannikmal mosten se sek ook wol met de blooten knee up kirschensteene setten, und dat hulp by etlikken meer as släge; na der regel Pauli: prüfet alles und das gute behaltet. He heilt averst nich alleen groote tucht by synen lämmern, sünnern he weide se ook so, dat se wat leereden.“

Unleugbar artete die Härte mitunter in Barbarei aus, aber die dafür gern und immer wieder angeführten Beispiele aus dem Leben von Johann Butzbach, Thomas Platter usw. — auch Luther ist an einem Vormittage fünfzehnmal mit der Rute gestrichen worden — dürfen nicht allzu sehr verallgemeinert werden. Weinsberg erzählt von seinem ersten Lehrer: „Disser scholmeister hilt die schuler seir strack und er hat mich auch oft geslagen, nit umb miner doichden willen“. Aber, so fügt er hinzu,

[1] Hier (verkürzt) nach Boesch, Kinderleben, S. 102 f.

„ich hab dissen meister seir leif gehat, umb willen das er mich gestraift hat, und bin im folgens duck troistlich und fruntlich gewest“. Ähnlich wird es vielen ergangen sein, und den Frohsinn ließ sich die Schuljugend durch die Schulzucht jedenfalls nicht verkümmern. Auch wenn wir von den recht mannigfaltigen Schulfesten absehen, von denen wir hören, — ich erwähne nur, daß der Rat in Reval 1390 die Gelage abschaffte, welche die Schüler zweimal jährlich im Sommer und im Herbste im Freien abhielten, — können wir den Amtseiden der Lehrer und mehr noch den mittelalterlichen Beichtbüchern[1] und bildlichen Darstellungen des Schullebens entnehmen, daß die damaligen Schüler vielleicht derber und roher, aber um nichts weniger vergnügt gewesen sind wie die heutigen. Und auch der Charakter der Unarten hat sich kaum gewandelt: Schwatzen beim Gottesdienst und in der Schule, Raufereien mit Mitschülern, Werfen mit Schnee und Steinen, Vögel fangen, Äpfel und Birnen naschen und dergleichen Ungezogenheiten mehr, sie kehren allerorten wieder[2].

Nach Beendigung der Schule — Abgangsprüfungen kannte man noch nicht —, begann der Ernst des Lebens an den angehenden Kaufmann heranzutreten. Er kam gemeiniglich nun in die Lehre, sei es daheim, sei es auswärts.

Der schon oben erwähnte Jakob Lubbe hatte das Glück, mit 16 Jahren bei einem „großen Handelsmanne“ Sanau in Danzig eintreten zu können, der ihn treulich zu allem Guten unterwies und trefflich hielt. Er wurde demzufolge in kurzer Zeit sehr geschickt und zur Kaufmannschaft so tüchtig, daß Sanau ihn „in seinem Handel zum Mitgesellen“ annahm. Das Haus „ging meist mit westwärtsen Waren um“ und Lubbe „pflegte“ deshalb nach Antwerpen zu reisen. Das Geschäft gedieh und mit ihm Lubbe.

---

[1] Das hierfür vielleicht ergiebigste hat kürzlich Battenberg, „Beichtbüchlein des Mag. Joh. Lupi“. Gießen 1907, zum ersten Male vollständig wieder abgedruckt. Lupus = Wolf war Pfarrer in Frankfurt a. M. 1453—1468; sein Beichtbüchlein erschien zuerst 1478 im Druck. — Weinsberg mußte bereits im 7. Jahre zur Beichte gehen und tat es anfangs sehr ungern, obgleich die Bußen nicht schwer waren, „dan es waren nit mehe dan etlich paternoster und gebetter“!

[2] Wolf läßt einen Schüler u. a. auch beichten, daß er „falsche cleyder zo fastnacht getragen, als were ich eyn meydgen, so ich eyn knabe bin“.

Sein Nachfahre Martin Gruneweg[1], der Lubbes Papiere ein Jahrhundert später durchsah, stellt ihm das Zeugnis aus, daß seine Handschrift „nach jehnen zeitten“ gut und er ein ehrbarer frommer Kaufmann gewesen, der da wußte sein Brot zu erwerben und seinen Handel „unverworren zu füren, dan er seine register genug ordentlichen hielt“[2]. Eine schwere Krankheit bewog Lubbe, als er sich der Mitte der Dreißig näherte, zu dem Gelübde, zu Fuße und fastend nach Köln und Aachen pilgern zu wollen, und erweckte obendrein in ihm den Entschluß, Mönch zu werden. Darob erzürnte sich Sanau, bei dem er immer noch wohnte; verstand es aber in trefflicher Weise, die Ausführung des Entschlusses zu verhindern. Er lud einige Dominikanerpriester zu Gaste, welche Lubbe vorstellten, daß er der Kirche weit mehr nützen könne, wenn er heirate; brächte er dem Orden auch noch so viel mit, so müßte er doch als „Dienstbruder“ arbeiten, denn zum Priesteramt sei er zu ungelehrt und zu bejahrt. Im Ehestande dagegen könnte er den Orden weit besser unterstützen mit Beten, Fasten und Almosengeben, und sie würden ihm eine Ordnung aufsetzen, nach der er sein Leben einrichten könne. Der eine von den Priestern trug ihm auch sogleich eine Verwandte an, eine Krämerin, welche Sanau und anderen Freunden sehr gefiel, denn sie war reich an Leib und Seele. Lubbe fand den Rat zu Anfang recht widerwärtig, ließ sich aber überzeugen und willigte schließlich ein. Die für ihn Erkorene, Barbara mit Vornamen, stammte von Vater und Mutter aus alten Kramergeschlechtern, welche „von Anfang der Stadt an ihren Sitz in der Kramergassen gehabt, ihr Brot mit Krämerei sich erworben und auch immer in dieser Gasse sich verheiratet hatten. Daraus kam, daß sie unter

---

[1] Gruneweg war 1562 in Danzig geboren, trat bereits mit 13 Jahren in den Dienst eines in Warschau lebenden nürnberger Kaufmanns, dann 1581 in den eines armenischen in Lemberg ein. Er mußte für seine Herren zahlreiche Handelsreisen in Polen und Rußland bis nach Moskau und Kiew ausführen, dann auch in der Türkei bis nach Konstantinopel. 1586 erkrankte er in Adrianopel, wurde katholisch und wechselte seinen Stand. Nachdem er Danzig noch einmal besucht, wurde er Dominikaner in Lemberg und stellte hier die Familienchronik zusammen.

[2] Lubbe gebrauchte nach Gruneweg „die pomerellische sprache, dan er war seines vattern hochdeiczen sprache gar abgewonet“.

sich schlugen[1] drei Häuser in derselben Gasse". Diese Barbara war über zehn Jahre lang von Dominikanerinnen erzogen worden, hatte „Bücher lesen, Nähen und was sonst den Weibern zum Nutzen gedeiht" gelernt, war bereits zweimal verwitwet und besaß eine kleine Tochter aus der zweiten Ehe. Auch sie war ursprünglich willens gewesen, geistlich zu werden, und sträubte sich gegen die neue Heirat. Doch ließ auch sie sich schließlich überreden durch den Hinweis auf den Umfang ihres eigenen Geschäfts, auf das Alter von Lubbe sowie darauf, daß „sich ihr beider Handel an Kaufmannswaren übereintrug". Die Hochzeit richtete Sanau freudig aus, und das derart mit sanftem Zwange vereinte Paar hatte seine Fügsamkeit nicht zu bereuen. Die 25jährige kinderlose Ehe verlief nach Lubbes eigenen Aufzeichnungen friedlich und glücklich. Jetzt, nach der Verlobung, erwarb Lubbe das danziger Bürgerrecht, und nach der von ihm dafür erlegten Schatzung bezifferte sich sein Vermögen in dieser Zeit auf 4680 Mark, d. h. etwa rund 25 000 Reichsmark[2]. Soviel hatte er mithin in den 20 Jahren, die er in dem Sanauschen Hause tätig gewesen, sich erworben! Nach der Hochzeit entsagte er dem Kaufmannsstande, trat in die Brüderschaft der Kramer ein und erlangte offenbar bei seinen neuen Genossen alsbald Ansehen und Achtung. Er wurde wiederholt zum Ältermann erwählt und führte bis an seinen Tod 1490 ein ruhiges behagliches Dasein.

Die Aufzeichnungen aus diesem letzten Abschnitt seines Lebens haben für die Ortsgeschichte von Danzig einen recht beträchtlichen Wert. Hier ist daraus noch zu erwähnen, daß Lubbe mit seinem ehemaligen Lehrherrn in freundschaftlichsten Beziehungen verblieb und dessen Angehörigen die Liebestaten zu vergelten bestrebt war, die er selbst im Sanauschen Hause erfahren. Ein Peter Sanau machte seine Lehrzeit in London durch und Lubbe erkundigte sich bei seinem Herrn, „wie er sich anlegte, ob er auch ein guter Kaufmann zu werden verspräche". Wenn das der Fall, wolle er Peter mit Gut ausstatten, d. h. ihm die Mittel zu einem selbständigen Betriebe geben. Peter wurde jedoch drei Jahre

---

[1] Erwarben.

[2] Abgesehen von der Kaufkraft! Das väterliche Bauerngut hatte die Schwester geerbt.

später Mönch. Da äußerte Lubbe im Gegensatz zum alten Sanau nur schüchtern einige Bedenken gegen das Mönchstum, nicht etwa gegen das Geistlichwerden. Er stellte dem jungen Manne vielmehr 40 bis 50 rheinische Gulden zur Verfügung, damit er studiere, „und wenn er wiederkäme, sollte er mein geistlicher Sohn sein". Peter schlug das Anerbieten aus, und Lubbe gab ihm nun willig seinen Segen zum Eintritt in das Kloster Oliva. Auch ein Andreas Sanau wurde bald darauf Mönch, wie überhaupt die nahen Beziehungen der Bettelorden zum Bürgertum vielleicht in keiner Chronik eines Weltlichen so stark zutage treten als in der von Lubbe.

Sein Lebenslauf kann zwar nicht als ein für einen Kaufmann typischer bezeichnet werden, dennoch bleibt er um nichts weniger lehrreich. Der Dorfjunge gedeiht in der Stadt zum begüterten Kaufmann, um als behäbiger Krämer sein Leben zu beschließen. Dieser Zug vom Lande in die Stadt führte bis über das Mittelalter hinaus den Kommunen immer neues frisches Blut zu, und zahlreiche Bauernburschen, auch ärmere als Lubbe und ohne Schulbildung, sind ihm gefolgt. Dem Sohn ehrlicher Eltern standen Handwerk und Kaufmannschaft gleichmäßig offen, und gelangte er zu Besitz, so fand er auch wohl den Weg zum Ratsstuhl[1]. Dieses

[1] Der Vater des lübeckischen Bürgermeisters Heinrich Brockes z. B. war in einem Dorfe bei Plön als Bauernsohn geboren, wanderte nach dem Tode der Eltern nach Lübeck und ging anfangs bei einem Kannengießer in die Lehre. „Er hat aber zu keinem Handwerke Lust gehabt, sondern sich zu einem Kaufmann vermietet, bis daß er zu seinen Jahren gekommen und seinen Eigenhandel geführet auf Dänemark, Preußen und Lievland." — Lehrreich sind auch die Erwägungen, welche Weinsberg (II, 182) anstellte, als es sich um die Berufswahl für seine verwaisten kleinen Neffen handelte. Er schlägt für den einen den Eintritt in das Kannengießeramt vor, weil man nach überstandener Lehrzeit bei einem Kaufmann noch den Handel erlernen und dann Kaufmann in Blei und Zinn werden könne: „ist kein sorglicher gefarlicher handel; die motten doin keinen schaden und die war verrint nit uff die erde wie die wein". Dagegen warnt er vor der Faßbinderei, „dabei wirt man in den jongen tagen mit dem drinken verdorben", will aber damit von der „winkaufmannschaft", die er selbst betrieb, nicht abraten. Den kränklichen jüngsten Neffen „mogt man zur scholen halten und geistlich machen, ob er wolt, sunst auch zum schriber oder schreibmeister — dan die schribkunst ist auch nit zu verachten".

Aufsteigen immer neuer Familien wurde indessen kräftig unterstützt durch den genossenschaftlichen Sinn des Mittelalters, und diesem entsprach auch die antikapitalistische Tendenz der städtischen Wirtschaftspolitik. Dem Knechte gewährte der Herr gern einen Anteil am Geschäft, und gleich Sanau erleichterten viele ihren Gehilfen das Fortkommen. Der damalige Handelsbetrieb hat gewiß das Seine dazu beigetragen, und die Herren haben ihren eigenen Nutzen nicht aus den Augen verloren: tüchtige junge Leute sahen sich jedenfalls in der Regel über kurz oder lang in der Lage, auch auf eigene Rechnung und zu eigenem Nutzen Handel zu treiben[1].

So leicht und verhältnismäßig bequem wie Lubbe wurde es freilich nicht jedem. Franz Wessel mußte bereits im 12. Jahre nach Falsterbo segeln und den Herbst über auf der Stralsunder Bitte tüchtig schaffen. Und auch in den nächsten Jahren mußte er, ungeachtet vieler Krankheiten, wiederholt größere Fahrten unternehmen, die sich von Livland im Osten bis nach Holland im Westen erstreckten. Ja seine letzte größere Reise führte ihn auf einem Pilgerschiff unter mancherlei Fährlichkeiten bis nach Santiago de Compostella in Gallicien, wobei „wohl fünfzig Häfen in Norwegen, Schottland, Flandern, England und Frankreich" angelaufen wurden. Die Zahl der Häfen wird übertrieben sein, doch wurde auf solchen Pilgerfahrten auch das Geschäft keineswegs vernachlässigt. In Compostella erlebte Wessel die Krönung des Königs Philipp, des Vaters von Kaiser Karl V., aber die Reise, die er von Schonen aus, anscheinend ohne Vorwissen der Eltern angetreten, hatte so lange Zeit beansprucht, daß jedermann in Stralsund glaubte, er sei auf See geblieben oder sonstwie verdorben. Im Jahre darauf starb sein Vater; Franz wurde selbständig, aber die Wanderlust war in dem nunmehr Dreiundzwanzigjährigen noch so mächtig, daß er zunächst nach Sternberg, Einsiedeln, Aachen, Trier, Düren, Maastricht und „andere orte lief, an denen afflates market was", bevor er sich zur Ruhe setzte und heiratete. Er war in der Tat ein weitgereister Kaufmann, aber die Erfahrungen, die der Jüngling in der Fremde gesammelt, kamen dem späteren Ratmann

---

[1] Das begann schon in frühen Jahren. Lubbe hebt es als außergewöhnlich hervor, daß einem Jungen, der als Schiffsjunge (puttiger) nach Flandern fuhr, vom Schiffer verboten wurde, eigenes Gut mitzunehmen.

und Bürgermeister zugute; er wurde von seiner Heimatstadt über zwanzigmal als Gesandter verschickt.

Wessel war der einzige Sohn eines wohlhabenden Vaters, und wir erfahren nicht, daß er auch in fremden Häusern gedient. Dieses war jedoch die Regel, und da hatten die Lehrlinge es nicht immer zum besten. Wir finden sie im gesamten Bereich des hansischen Handels. Der Vater von Sastrow wird von seinen greifswalder Vormündern nach Antwerpen und Amsterdam gesandt, „von kaufmannschaft etwas zu fassen“; Heinrich von dem Wele in Riga schickt einen Neffen nach Brügge, andere wandern nach London, Bergen, Nowgorod, die meisten wohl in hansische Städte zu befreundeten Häusern. Unsere niederdeutschen Quellen fließen für diese Periode des kaufmännischen Lebens bisher verhältnismäßig unergiebiger als die oberdeutschen. Wir können nur feststellen, daß die Lehrzeit recht verschieden bemessen war und zwischen zwei und zehn Jahren schwankte, d. h. sich nach Alter, Bildungsstand und Lebensstellung der Lehrlinge richtete. Förmliche Lehrlingsordnungen sind uns erst aus jüngerer Zeit überliefert, doch wird manche von den Bestimmungen sicherlich auch früher schon gegolten haben. Speziell in Lübeck rügte es der Rezeß zwischen Rat und Bürgerschaft vom Jahre 1605, daß die gute Sitte abgekommen sei, wonach die Jungen, die sich dem Travenhandel, d. h. dem Großhandel im Gegensatz zum kaufmännischen Kleingewerbe der Krämer, widmen wollten, fünf oder sechs Jahre bei einem Kaufmann dienen mußten, bevor sie nach anderen Orten verschickt würden. Der Rezeß verfügte deshalb, daß die Lehrjungen vor Eintritt in den Dienst durch ihren Lehrherrn bei dem Aeltesten der Schonenfahrer angemeldet und in des „Kaufmannes Buch“ eingetragen werden müßten. In Ausführung und Ergänzung des Rezesses erließen hierauf 1607 der Rat und im wesentlichen übereinstimmend die Schonenfahrer 1609 ausführliche Vorschriften über die Lehrlingshaltung, welche „nach dieser zeit gelegenheit verbessert“ waren, mithin mindestens zum Teil schon zum Inhalt älterer Kaufmannsordnungen gehört haben.

Hiernach waren seit etlichen Jahren grobe Mißstände dadurch eingerissen, daß die Jungen ihre bestimmten Lehrjahre nicht ausgehalten, sondern von einem Herrn zum andern gelaufen und „wiewol sie nichts bestendiges gelernet, jedoch sich endlich ihren eigenen handel zu treiben unterstanden, desfals zusammen gerottet, marschopey (Handelsgesellschaft) gemachet und sowol an der Traven als anderswo mit kaufen und verkaufen andern bürgern gleich sein wollen“. Um nun solch unordentliches Wesen abzuschaffen, wird die Anmeldepflicht neu eingeschärft, und bestimmte die Ratsordnung, daß jeder Junge „zum wenigsten sechs jahr nach einander, und nicht darunter, trewlich dienen und aufwarten“, und nach Ablauf dieser Zeit „noch zwey jahre mit ihres herrn geldern oder guteren an anderen oertern, es sey zu wasser oder lande sich gebrauchen lassen“ müsse. Kann er hierauf ein Zeugnis der Schonenfahrer-Aeltesten und seines Lehrherrn bei der Wette vorzeigen, so soll er „eingeschrieben werden. Alsdann sollen sie, und nicht ehr, mit ihrer eigenen und ihrer herren und keiner frembden gelde umb und für ein gewisses lohn oder auf einen verlach (Kapitaleinschuß), darmit aber der herr uber funfhundert mark nicht solle beschweret werden, zu ihrer beiden besten nutzen an der Traven in offenen buden und kellern gleich andern bürgern zur handlung zugelassen sein“. Können Herr und Diener sich um Jahrlohn und Kapitaleinlage nicht vereinen, so darf der letztere sein Geschäft auch mit anderweitig aufgenommenem Bürgergelde betreiben, „doch anderer gestalt nicht, dan dass er, wie obstehet, sechs jahre gedienet und folgig zwey jahre ausserhalben landes gewesen.“

Die Ordnung der Schonenfahrer übernahm diese Bestimmungen, sah aber von einer Festlegung der Dauer der Lehrzeit ab — uff so viel jahr als sie unter sich vereiniget — und übertrug dafür den Aeltesten die Entscheidung bei allen Zwisten zwischen Herrn und Lehrling, namentlich auch für den Fall, daß der Herr den treuen Diener „nicht verlegen konte“ [1].

Hier tritt uns die schon berührte Fürsorge des Lehrherrn für das Fortkommen des Dieners geradezu als Pflicht entgegen! Zugleich aber liefert die Bestimmung, die jedem jungen Kaufmanns-

---

[1] Die beiden hamburger Lehrkontrakte von 1718 und 1766, welche in den Hans. Gesch.-Bl. 1887, S. 141 ff., mitgeteilt sind, sehen eine Lehrzeit von sieben Jahren vor. In dem von 1718 wird der Handelsjunge außerdem verpflichtet, sich noch weitere zwei Jahre als Handelsdiener in und außerhalb der Stadt gebrauchen zu lassen.

gesellen einen zweijährigen Aufenthalt in der Fremde vorschreibt, den Schlüssel für die Stellung des hansischen Kaufmanns[1]. Jeder mußte hinaus, sich in der Welt umsehen und an fremden Märkten unter fremden Völkern Erfahrungen sammeln. Jedoch zunächst nur im Auftrage und für Rechnung seines Herrn, nicht nach eigener Wahl, damit er erst lerne, auf eigenen Füßen zu stehen.

Die Lehrzeit war ohne Frage mitunter recht hart. Der Lehrling mußte auch im Haushalt tüchtig zugreifen, „einheizen, Feuer stechen, Haus kehren, Wasser, Wein und Bier holen", wie es gelegentlich heißt. Ueberall wird jedoch zugleich Gewicht darauf gelegt, daß der Lehrherr ihn zur Gottesfurcht erziehe und allseitig ausbilde. Denn häufig waren die Lehrjungen noch recht jung und vollendeten sie erst während der Lehrzeit ihre Schulbildung. Wele bat seinen brügger Geschäftsfreund, den späteren danziger Bürgermeister Philipp Bischof, dessen auch Lubbe gedenkt, er möge den Neffen bei einem Priester oder sonstwo unterbringen, damit er zunächst gründlich Lesen und Schreiben lerne. Nicht minder soll Bischof darauf achten, „dat he in dwange gheholden werde, dat he synen willen nicht en krige. Wes he behoff hevet, fügt er schließlich hinzu, dot wol unde kopet eme unde schrivet up miine rekenscop." Der Rostocker Schlu wiederum rühmt seinen Lehrherrn, den Lübecker Herman Tieman, der ihn auf dem Kontor zu Bergen „in guter zucht und gottesfurcht gehalten, das ich damals den catechismum habe müssen fleissig lernen, auch in der kirchen zu S. Marten offenlich recitert, wie zu der zeit gebreuchlich war. Auch hat er mich dazu gehalten, das ich habe den psalter zum teile auswendich lernen müssen, und habe auch dar beineven andere schöne herrliche sprüche, derer in die 50 gewesen, na der ordenunge zu tisch beten müssen. Auch da mein herr erfuhr, das ich von der musica wüste, habe ich in der kirchen auf der orgeln mich gebrauchen lassen"[2].

---

[1] Wie bereits Siewert bemerkt, der die Lehrlingsordnung in seinen „Rigafahrer in Lübeck", S. 255, Nr. 24, mitteilt.

[2] Sastrow erlebte in dieser Hinsicht viel Verdruß mit Angehörigen. Den einen schickeden sine vormunder nach Danzig an gute leute; er machte es aber, das sie ine widerumb allhier schickeden. Den andern

In diesen wie in sonstigen Mitteilungen dieser Art wird in unseren hansischen Akten des Rechenunterrichts merkwürdiger Weise gar nicht gedacht, während er in den oberdeutschen Aufzeichnungen eine bedeutende Rolle spielt. Der Einfluß von Italien, wo die kaufmännische Buchführung bereits im 14. Jahrhundert lehrbuchmäßig behandelt wurde, macht sich auch an dieser Stelle im Süden bemerklich[1]. Ebensowenig hören wir von der Erlernung fremder Sprachen, abgesehen vom Latein, obgleich in der Regel jeder Kaufmann sich die Sprache derjenigen Nationen anzueignen gesucht haben wird, mit deren Angehörigen er in geschäftlichen Beziehungen stand[2].

Lehrjungen und Gesellen waren andrerseits auch bei den Kaufleuten Aufnahmegebräuchen unterworfen, welche sich je nach Ort und Zeit verschieden gestalteten. Am bekanntesten sind darunter die sogenannten Spiele am Kontor zu Bergen, bei welchen „enen vaken de hals und rugge knakede, ok nese unde munt blodete, welkes de nykamers[3] alles vor leff nemen mosten“. Ihre Roheit wird mit Vorliebe immer von neuem beklagt und verurteilt, während die gesamte frühere Zeit sie mit behaglichem Wohlgefallen betrachtet und beurteilt hat[4]. Sie waren nichts anderes als eine Weise des bekannten Hänselns bei Aufnahme eines Neulings in eine Genossenschaft; derbe Bräuche, die den Eingeweihten ergötzten, weil andere nun auch kosten mußten, was er einst erlitten, während

ließ er in Stralsund auf die Schule gehen, aber er mißriet gleichfalls, „das ich nur got danckete, das ich seiner los worden bin“.

[1] Die Herrschaft des römischen Zahlensystems, welches von dem arabischen sehr langsam verdrängt wurde, bereitete den Kämmerern wie den Kaufleuten jener Tage gewaltige Schwierigkeiten; sie erklärt die vielen Rechenfehler in den städtischen wie privaten Rechnungen. Als Hilfsmittel kamen im 14. Jahrhundert von Italien her Rechenpfennige (denarii ad computandum) in Gebrauch. Nach dem Norden scheinen sie über Avignon gelangt zu sein. 1354 kauften hamburger Gesandte eine Anzahl von diesen fiktiven Münzen in Avignon; meines Wissens die früheste Erwähnung der „rekelpennige“ im hansischen Gebiet. Vgl. Schrader, Die Rechnungsbücher d. Hamb. Gesandten in Avignon, 1338—1355, S. 33*.

[2] Stieda, Zur Sprachenkenntnis der Hanseaten, Hans. Gesch.-Bl. 1884, S. 157 ff., handelt nur von der russischen Sprache.

[3] Die Neulinge.

[4] Vgl. Krause, Zu den Bergenschen Spielen, Hans. Gesch.-Bl. 1880, S. 109 ff.

sie dem augenblicklich Gequälten den Trost gaben, durch das Dulden sich ein dauerndes Recht zu erwerben. Solchen Aufnahmefestlichkeiten begegnen wir bei fast allen genossenschaftlichen Vereinen, bei den Zünften und. Gilden wie bei den studentischen Bursen, und überall wird erst in späterer Zeit über Ausartung und Barbarei geklagt. Die Mehrzahl der Spiele von Bergen ist erwiesenermaßen nicht von ungefügen wilden Gesellen im hohen Norden erfunden worden, vielmehr lassen sich Analogien und Reste in den verschiedensten Teilen von Deutschland nachweisen, ja manche sind noch nicht völlig ausgestorben. Das alte Waterspel lebt abgeblaßt in dem Kielholen der Neulinge beim Passieren des Äquators fort; dem „van der hudt werpen" entspricht das Fuchsprellen der Beanen auf Schulen und Universitäten[1], und selbst das unsaubere Beschmieren mit Unrat, Rasieren, Reinigen und Abtrocknen finden wir in den Kreisen der Handwerker und der Studenten fast genau so wie bei den Kaufgesellen von Bergen. Auf Schläge und etwa noch Freibier liefen alle diese Gebräuche für die Neueintretenden hinaus, und ihre Ueberbleibsel, wie das Mißhandeln von neuen Klassenkameraden in geschlossenen Lehranstalten, bewahren das Andenken noch jetzt. Es waren Roheiten, aber wir müssen sie mit der allgemeinen Uebung jener Tage vergleichen, wenn wir billig urteilen wollen. Das damalige Geschlecht verlangte nach einer derberen Kost, und noch 1599 schaute der dänische König Christian IV. mit Wohlbehagen einem Spiele in Bergen zu.

Kurz zuvor waren arge Klagen über diese Spiele an die Städte gelangt, auch ältere Männer waren ihnen unterworfen worden, aber die Verbote der Städte wurden nicht beachtet. Viel Papier wurde verschrieben, die Spiele bestanden jedoch fort, bis die dänische Regierung ihnen 1671 ein Ende bereitete.

Gelegentlich dieser Verhandlungen erklärten die Gesellen am Kontor einmal rund heraus, daß Jeder, der in Bergen handeln wolle, „der muste na don, wie sie und andere fur gethan

---

[1] Es war auch bei den Metzgern vielerorten üblich. Eine hübsche Darstellung gibt der Monogrammist PR bei Schilderung des Schützenfestes zu Zwickau 1573. Reproduziert in Deutsches Leben d. Vergangenheit in Bildern. E. Diederichs Verlag 1907.

hetten. Dan wenn es dahin queme, das die burger aus den stetten und ihre kinder von dem spielen mochten gefreyet werden, so wurden arm gesellen dar nicht gross geachtet sein. Derhalben wolten sie die spil halten, wie sunst lang gescheen were, und wagen alles was daraus entstan kunte."

Aus diesen Worten spricht ein sehr realer Egoismus, aber sie werfen zugleich ein grelles Licht auf die beginnende Verknöcherung des städtischen Wesens und die seit dem 16. Jahrhundert zunehmende Abschließung auch der Erwerbsstände gegen einander. Wie bei dem Landadel das Erfordernis der hohen Ahnenzahlen erst gegen Ausgang des Mittelalters aufkommt, und die Turnierregeln darauf ausgehen, die städtischen Geschlechter vom rittermäßigen Spiel fernzuhalten, so bilden sich auch in den Städten immer deutlicher Unterschiede aus zwischen den verschiedenen Rangstufen der Ehrbarkeit. Die frühere Zeit war natürlicher und gestattete gleich der Kirche jedem, auch dem Niedrigsten den Aufstieg zu den höheren Schichten. Und daß ein solcher in Bergen auch noch zu Ausgang des 16. Jahrhunderts vielfach eingetreten, bezeugt der schon erwähnte Rostocker Joachim Schlu. Er war 1577 als Knabe nach Bergen gekommen und verfertigte 1606 eine „Comedia von dem frommen gottfürchtigen und gehorsamen Isaac" zu Ehren des ehrsamen Kaufmanns in Bergen. In der Widmung berichtet er nun nicht blos, daß er selbst dem Kontor seine Bildung und Erziehung zu verdanken habe, sondern preist auch die dort herrschende schöne Ordnung „mit ihren von anfang des kuntors gebreuchlichen spielen, welche mit herrlichen comedien und tragedien gezieret werden", so daß man dort noch verständige Gesellen findet, die sich „üben, wann sie sonsten nicht viel zu thun und nirgents aufzuwarten haben". Schlu fährt dann fort: „Ist aber manniger unversochter alhie in Teutschlandt, der spöttisch auf des löblichen kuntors kaufgesellen ist, als sollen sie nirgents von wissen sondern mit der fischschrauben ummezugehen, da ich offte das widerspil gehalten und von diesen vorgeschriebenen schönen ordenungen gesagt und offte geredet. Dann es kommen auch auf das löbliche kuntor gar einfeltige geringe baurenkinder, als hie aus Mekelborg, Pomern, Saxen, Westphalen und andern oertern; und wan sie nicht schreiben oder lesen können, werden sie den winter über von den andern fein unterweiset und gelernet, würden also feine und verstendige gesellen daraus, und wan sie da ein zeitlang verkeret und gehandelt, kommen sie in Teutschland, in die löblichen seestede in schöne gute heuser zu sitzen, und werden vornehme bürger und wolhabende leute daraus, die noch zu hohen emptern kommen und gebraucht werden. Es kommen auch viele ans kontor, die sich hie in Teutschlandt von vater und mutter, auch scholemeistern, nicht wollen zwingen lassen[1]. Eins teils kommen zu rechte, werden noch gute leute draus; etzliche aber bleiben in ihrem bosen vornehmen und gehen zu grunde und bodem, welches nicht allein zu Bargen sondern auch an andern ländern und oertern geschicht, da handel und wandel auch kaufmanschaft gebrauchet wirt."

Diese warme Verteidigung der Kaufgesellen von Bergen mit ihrem Hinweis auf die ethische Seite des Kontorlebens wiegt die Klagen mancher Muttersöhnchen reichlich auf, und sie wird vielfach ergänzt durch die auf uns gelangten Testamente der lübecker Bergenfahrer[2]. Sie bestätigen den ununterbrochenen Zuzug von jungen Leuten aus Binnendeutschland nach dem Kontor und deren Übersiedelung nach Lübeck nach erlangter Selbständigkeit. Nach den Berechnungen von Bruns waren von den Ausstellern jener Testamente höchstens 24 % geborene Lübecker, während 53 % westelbischen Gebieten und davon 29 % aus Westfalen allein entstammten. Der Rest entfällt auf ostelbische Landschaften. Dieser stetige Nachschub wurde nach Ausweis der letztwilligen Verfügungen wesentlich dadurch befördert, daß die Bergenfahrer, sobald sie dazu im Stande, jüngere Verwandte aus ihrer Heimat zu sich beriefen, damit diese gleichfalls im nordischen Handel sich ihr Brot ver-

[1] Krause weist a. a. O., S. 117, mit Recht darauf hin, daß der spätere große Jurist Heinrich Husanus zu diesen Wildfängen gehört haben muß. Husanus war der Sohn eines Bürgermeisters von Eisenach, wurde im 12. Lebensjahre nach Bergen geschickt, war aber bereits nach zwei Jahren wieder daheim! Auf seine Beschreibung des Wasserspiels gehen alle landläufigen Darstellungen zurück.

[2] Bruns, Die lübecker Bergenfahrer, Hans. Gesch.-Quellen, N. F., II, hat allein aus dem lübecker Archiv 231 Testamente von Bergenfahrern aus den Jahren 1307—1529 mitgeteilt und ihren hohen Wert gebührend gewürdigt.

dienten. Die lübecker Bergenfahrerfamilie Paal hat sich derart einige Generationen hindurch aus Dülmen in Westfalen verjüngt. Der aus dem Hannöverschen stammende Brun Sprenger vermacht seine Geschäftsräume in Bergen mit Inventar seinen zur Zeit dort befindlichen nächsten Anverwandten, und bestimmt, daß sie nach deren Abzug entfernteren Angehörigen zustehen sollen, solange „erer welk levet, de dar kopslagen wil“. Weitere Beispiele für die Förderung jüngerer Verwandter und Berufsgenossen enthält fast jedes Testament.

Diese lübecker Bergenfahrer gehörten von Hause aus überwiegend ärmeren Bevölkerungsschichten an. Mehr als drei Viertel der Erblasser erklärten ausdrücklich, daß sie ihr Vermögen selbst erworben haben, und dementsprechend verfügten die meisten auch nur über mäßige Summen. Aber diese genügen, um den Männern einen sorgenlosen Lebensabend nach den Jahren angestrengter Arbeit zu sichern, und sie lassen damit den Widerstand der Kaufgesellen gegen den Wettbewerb der Söhne wohlhabender Familien im Handel zu Bergen durchaus gerechtfertigt erscheinen.

Nach überstandener Lehrzeit rückte der Lehrling zum Handlungsdiener auf; er wurde Knecht oder Geselle und wie die Bezeichnungen lauten mochten. Ob für diese bereits im Mittelalter die lübecker Vorschrift von 1607 (S. 19) gegolten hat, mag dahingestellt bleiben. Tatsächlich begann indessen auch damals für den angehenden Kaufmann eine Zeit der Reisen, mochte er den Herrn begleiten oder in dessen Auftrage in die Fremde gehen. Diese Handelsfahrten waren für das Leben eines jeden hansischen Kaufmanns von ähnlicher, wenn nicht von größerer Bedeutung wie das Wandern der Handwerksgesellen für den zünftigen Meister oder das Studium auf Universitäten für den Angehörigen gelehrter Berufe. Sie waren bedingt durch das Wesen des mittelalterlichen Handels und führten auch an ihrem Teile zu jenem Fluktuieren der Bevölkerung in unseren Städten, welches die zahllosen Erbschaftszeugnisse bekunden. Der Handel war und blieb überwiegend Eigenhandel, und für unseren Zweck können wir höchstens konstatieren, daß mit dem Aufkommen und der Ausbildung der Handelsgesellschaften aller Art sowie mit der Erleichterung des Verkehrs durch Handelsbriefe die Zahl der Gesellen,

Faktoren, Lieger und sonstiger Gehilfen sich ständig mehrte. Dem älteren Kaufherrn gestatteten diese Wandlungen, häufiger als früher daheim zu bleiben, wiewohl er nach wie vor auf den persönlichen Ein- und Verkauf von Waren oder das Eintreiben von Schulden nicht völlig verzichten konnte. In jedem Falle gehörte ein wechselvolles Reiseleben im Dienste des Großhandels zu den Notwendigkeiten im Dasein des Kaufmanns.

„Koplude, loplude" lautet ein altes Wort, welches diese Seite des kaufmännischen Lebens kurz und prägnant zum Ausdruck bringt. Es stammt aus der Zeit, da der als Kaufmann verkleidete Ritter in der Literatur der stehende Held von Liebesabenteuern war, und Rudolf von Ems im oberen Rheintal den guten Gerhard, einen Kaufmann von Köln, auf Reisen schickte. Gerhard läßt sein Schiff für eine dreijährige Fahrt ausrüsten, übergibt dem Sohne

„ein teil guotes, daz er solte han
damite er möhte sich began",

und nimmt selbst nicht weniger als 50 000 Mark Silber mit. Ihn begleitet ein Geistlicher — das Gedicht ist etwa 1220—1230 entstanden —

ein schriber ouch bi mir beleip
der min zerunge an schreip
und der durch got mir ane strit
begie diu siben tagezit.

So ausgerüstet

„mit minem guote ich kerte
hin über mer gen Riuzen,
ze Liflant und ze Priuzen
da ich vil manegen zobel vant.
Von dannen fuor ich gen Sarant,
ze Damasco und ze Ninive:
da vant ich riches koufes me
von manegem richen phelle da
dann in der welt ie anderswa.
Der ich so vil an mich gewan
daz ich mich des vil wol versan,
swenne ich wider kaeme,
daz ich zwivaltic naeme
min silber wider und dannoch me[1]."

---

[1] Der Hervorhebung des Pelzhandels von Gerhard entspricht in eigenartiger Weise eine Erzählung des zeitgenössischen Caesarius von Heisterbach.

Dichterische Phantasie und mangelhafte geographische Kenntnisse des ritterlichen Voralbergers führen Gerhard dann weiter über Gebirg und Tal und Meere nach Marokko, England, Norwegen, um ihn schließlich wieder wohlbehalten in Köln eintreffen zu lassen.

Die Rundfahrt durch drei Erdteile erscheint in der Legende als etwas für den Kaufmann Selbstverständliches und Notwendiges, und eine ähnliche Auffassung begegnet uns in anderweitigen, leider recht spärlichen Notizen bei Dichtern und sonstigen Autoren. Selbst Bruder Bertold, ein strenger Tadler der Gewinnsucht der Händler, sieht sich veranlaßt, anzuerkennen: „Wir möchten der koufliute niemer enbern, wan sie füerent uz einem lande in daz ander daz wir bedürfen, wan ez ist in einem lande daz wolveile, so ist in einem andern lande jenz wolveile, und da von sallent sie diz hin füeren und jenz her; da von sullent sie ir lon ze rehte haben, daz ist ir gewin, den sie ze rehte gewinnent.“

Der Kaufmann gilt jedenfalls, etwa neben dem Mönch, als der Reisende schlechthin, und die Handelsfahrten verliehen seinem Dasein einen guten Teil seines Reizes und Wertes. Nun war das Reisen freilich keine so vergnügliche Sache wie heute im Zeitalter der Durchgangszüge mit Speisewagen oder der auf den Meeren schwimmenden Hôtels. Die alten Germanen hatten die Technik des Straßenbaus leider nicht von den Römern übernommen, und die Beschaffenheit der Straßenkörper entsprachen äußerlich etwa den der heutigen Vizinal- oder Feldwege, deren Instandhaltung schlecht und recht den Anliegern obliegt. Die großen Reichs- und Landes-Heerstraßen sollten freilich mit Steinen verlegt oder mit Kies beschottert werden, doch waren sie nur selten durch Gräben vom Ackerfelde geschieden und meist in schlechtem Zustande. Die ärgsten Stellen und Löcher besserte man notdürftig mit Reisig und Knüppeln aus, aber die Klagen über die „Mordwege“ wollten das ganze Mittelalter und lange darüber hinaus nicht verstummen. Langsam und mühsam bewegten sich die hochbeladenen, mit großer Plane überspannten Frachtwagen vorwärts

---

Er berichtet, daß ein Mitbruder seines Klosters einigen Kölnern, welche nach Norwegen fuhren, 5 Schillinge mitgegeben hätte, ut ex eis compararent pellem ursi albam (Eisbärfell), quales regio illa gignit.

durch heillosen Staub im Sommer oder grundlosen Schmutz nach Regen, und gar manches Rad und manche Achse ging an Steinen oder untiefen Pfützen zu Schanden. Der arme Geselle zog zu Fuß nebenher, das Ränzel auf dem Rücken, den Stock in der Rechten; der wohlhabendere Kaufmann ritt. Denn der Wagenbau steckte noch in seinen Anfängen. Federn waren unbekannt, und erst im 16. Jahrhundert lernte man den Wagenkasten in Riemen zu hängen. Das unvermeidliche Stoßen der alten Fuhrwerke kann bei der Holprigkeit der Wege dem Fahrenden keinen sonderlichen Genuß bereitet haben, und zu Pferde kam man sicher schneller vorwärts[1].

Angebracht war es ferner, daß man sich mit Lebensmitteln wohl versorgte, denn in den Wirtschaften an der Straße und in den Dörfern fand man nur selten etwas Genießbares, und mußte auf Heuböden, auf der Ofenbank oder auf den Tischen der Wirtsstube sich das Nachtlager bereiten. Dazu standen manche Einzelgehöfte in recht bösem Rufe, wie die verdächtigen Namen für solche Herbergen: „Sieh Dich vor, Trau nicht, Paß auf, Mordkretschen" ergeben. Da blieb dem Reisenden oft nichts übrig, als unter freiem Himmel zu nächtigen, nur mußte er dann sich vor Verstößen gegen das Recht eines jeden Landes hüten, wollte er nicht, etwa durch Entnahme von Futter für die Pferde, sich der Strafe des Diebstahls aussetzen. Besser stand es um die Herbergen in den Städten, dort befand man sich wenigstens in Sicherheit, während Kost und Unterkunft allerdings nur selten gerühmt werden. Erasmus von Rotterdam entwirft in seinen Unterhaltungen ein Bild von dem Leben und Treiben in den deutschen Gasthäusern seiner Zeit, welches, grau in grau gemalt, die Wirte als Grobiane, Wirtsstuben und Schlafkammern als überaus unsauber, das Essen dagegen als reichlich und durchaus nicht zu verachten schildert. Jeder Gast erhält dazu einen hölzernen Teller und einen Holzlöffel sowie ein Trinkglas. Erst später wird der Wein aufgetragen, schwer ist er nicht, dafür dünn und sauer.

---

[1] Göttingen ließ 1476 die Frauen und Kinder seiner neuen Tuchmacher in einer „glasen stelle" aus Deventer abholen. Hans. Gesch.-Bl. 1892, S. 175. Von Glaskutschen hören wir auch sonst im 15. Jahrhundert, doch stimmen alle Abbildungen darin überein, daß man die Sitze nur durch aufgelegte Kissen bequemer zu machen suchte.

Verlangt ein Gast eine andere Sorte, so heißt es: steht der Wein Dir nicht an, so suche Dir ein anderes Wirtshaus. Sind alle Speisen und Schüsseln entfernt, so wird auch ein besserer Wein aufgetragen, und die hiervon tüchtig trinken, sind den Wirten die liebsten, weil sie nicht mehr zahlen als jene, die wenig zu sich nehmen. Daher kommt es, daß manche das Doppelte in Wein verzehren, als was sie für das Gastmahl entrichten, und die Köpfe vom Wein warm werden. Schließlich erscheint der bärtige Ganymed und sammelt die für jedermann gleich hohe Zeche ein, denn hier gibt es keinen Unterschied zwischen Arm und Reich, zwischen Herren und Knechten.

Der griesgrämige Gelehrte versichert, daß er nur berichte was er gesehen und erlebt, doch trägt er die Farben so dunkel auf, daß bereits sein etwas jüngerer Zeitgenosse Agricola Einspruch gegen die Verunglimpfungen der deutschen Herbergen erhob. Aber die Unterkunftsverhältnisse müssen in der Tat meist recht schlechte gewesen sein [1]. Selbst Geiler von Kaisersberg ruft trotz seines geringen Wohlwollens für den Kaufmann, halb mitleidig aus: „Was muß der Kaufmann alles leiden; er muß elende Herbergen aufsuchen, manch böses Mahl mit guten Zähnen essen und teuer bezahlen."

Schlimmer als die Unbilden, die man neben Zöllen und anderen Abgaben, dem Straßenzwang und Stapelrecht und sonstigen Unannehmlichkeiten, mehr oder minder gleichmütig hinnahm, war die andauernde Unsicherheit der Landstrassen. Die zahlreichen Landfriedensgebote und -bündnisse wurden regelmäßig nur auf bestimmte Zeit und für begrenzte Gebiete erlassen oder abgeschlossen, fanden jedoch selbst in dieser Beschränkung geringe Beachtung. Dazu beseitigten sie keineswegs das ausgedehnte Fehderecht, welches allen Personen zustand, die sich des Waffenrechts erfreuten, mithin auch Bürgern. Das eine wie das andere verursachte, daß das Geleite, welches der Kaufmann von den Landesherrschaften er-

[1] Die von Erasmus gelobten ausländischen Gasthäuser waren um nichts besser. Der Nürnberger Paumgartner klagt seiner Frau, daß in den italienischen Wirtshäusern „alle bett voller wantzen seind". Im Norden suchte man durch Mitnahme von Kalbfelldecken, welche man auf das Strohlager der Gasthäuser legte, sich gegen unangenehme nächtliche Angriffe zu schützen.

kaufen mußte, ihm durchaus nicht die unbedingte Sicherheit des Weges verbürgte. Denn schlimmer noch als das Fehdeunwesen, welches der Räuberei einen halbwegs anständigen Anstrich verlieh, war die Wegelagerei der adeligen und unadeligen Schnapphähne und des die Landstraßen bevölkernden Gesindels. Das letztere namentlich rekrutierte sich zum guten Teil aus Elementen, welche aus den Städten verbannt oder geflüchtet, der Stadt absagten oder durch die Not gezwungen zu Strauchdieben herabsanken.

Um nichts besser fuhr man zu Wasser. Auf den Flüssen, welche im Mittelalter bis in die kleinsten Läufe weit mehr zum Warentransport benutzt wurden als in den späteren Jahrhunderten, war die Sicherheit ebenso groß oder gering wie auf den Landwegen. Die Überlastung mit Zöllen und Zwangsrechten war die gleiche, die Grundruhr spielte sogar eine noch größere Rolle. Doch scheinen die hansischen Kaufleute — abgesehen vom Rhein — ihre Waren auf den Flüssen weit weniger häufig in eigener Person begleitet zu haben als zu Lande und vor allem zur See. Denn die Beschaffenheit der Flußfahrzeuge und ihr durch die Natur der Flußwege bedingter geringerer Umfang und Tiefgang gestattete nur die Mitnahme der Schiffsmannschaft[1].

Dafür war und blieb die Seeschiffahrt das wichtigste Hilfsmittel des hansischen Handels, und wenn wir auch von einem so umfangreichen Passagiergeschäft nicht reden können, wie es die italienischen Seestädte, namentlich Venedig, weit über das Zeitalter der Kreuzzüge hinaus betrieben, so geleitete doch der norddeutsche Kaufmann seine Waren in der Regel persönlich über See. Auch als im Laufe der Zeit sich ständige Beziehungen zwischen bestimmten Häfen und Gebieten herausgebildet hatten, die Handelsgesellschaften, Lieger und Faktoren sich mehrten, bewogen säumige Schuldner oder sonstige Verhältnisse einen großen Teil der Handelsherren dazu, sich wiederholt den Unbilden des Meeres auszusetzen.

Und diese waren wahrlich nicht geringere als die bei Reisen zu Lande. Etwaige Seekrankheit mit ihren Begleiterscheinungen focht freilich nicht weiter an[2]; dafür drohten Seeraub, Kaperei,

[1] Die Geschichte der Flußschiffahrt und der Flußschiffergilden liegt noch arg im Dunkeln.

[2] Das lübecker Recht (ed. Hach 566) bestimmt sogar: welkereme

Strandrecht und mehr noch als zu Lande die Schädigung durch die Naturgewalten, Sturm und Unwetter, Schiffbruch und Strandung. Allerdings ruhte die Schiffahrt mit Rücksicht hierauf und aus klimatischen Gründen den Winter über, dennoch forderten Frühjahr- und Herbststürme zahlreiche Opfer. Die Briefkapelle der Marienkirche zu Lübeck bewahrt ein Gemälde [1], welches den Untergang eines lübischen Dreimasters an der norwegischen Küste im Jahre 1489 darstellt. Der Sturm hat Haupt- und Kreuzmast zersplittert, die Besatzung sucht, zum Teil an Kisten und Planken geklammert, sich durch Schwimmen zu retten, einige Leute haben glücklich das felsige Ufer erreicht. Spruchbänder belehren uns, daß der Schiffer und 33 Männer ertrunken seien. Der unbekannte Stifter der Tafel, vermutlich ein aus dem Schiffbruch geretteter Bergenfahrer, knüpft daran die Mahnung:

> Och, guden gesellen, holdet nicht to licht,
> Er gi to scepe gat, gat jo to der bicht.
> Et was so kort ene tyt,
> Dat wy unses levendes worden quid.
> En pater noster vor alle cristen seelen!

Die ungefügen Verse bringen die Anschauungen der handel- und schiffahrttreibenden Kreise im Mittelalter treuherzig zum Ausdruck. Ein warmes religiöses Empfinden ließ Jeden vor Antritt der gefahrvollen Fahrt auch für das künftige Seelenheil Sorge tragen, und veranlaßte im späteren Mittelalter die so überaus häufige Errichtung von Testamenten. Die Archive mancher Seestädte bewahren solche in überraschender Fülle, darunter nicht wenige, welche von ein und demselben Aussteller im Laufe der Jahre wiederholt, d. h. vor Antritt jeder Reise, aufgesetzt sind. Von Aemilius Luchow, der 1389—1403 als lübecker Ratsmann dem Reisen entsagt zu haben scheint, haben sich nicht weniger als fünf letztwillige Verfügungen aus den Jahren 1375—1384 erhalten. Heinrich Dunkelgud testierte mindestens sechs Mal, andere nachweislich 3—4 Mal. Aufzeichnungen, welche ganz abgesehen von

---

schipmanne wee werdt van der see, alse dat he wedder gift, dat is to vorstaende, oft he seeck wurde, de schal sines lones entberen.

[1] Bau- und Kunstdenkm. v. Lübeck, II, 320. Schon vorher auch bei Bruns, Bergenfahrer, S. 5, beschrieben.

ihrem Werte für die Erkenntnis kirchlicher, wirtschaftlicher und handelspolitischer Verhältnisse, insbesondere auch jene werktätige Fürsorge für Gesellen und Lehrlinge bezeugen, deren bereits zu gedenken war.

Die Gefahren, welche das Reisen mit sich brachte, zwangen andererseits den Kaufmann sich mit Waffen und Wehr wohl zu versehen. „Myn wapend alze ik dat pleghe tor zeewart to vorende“ wird in den Testamenten häufig erwähnt, während zu Lande im Parzival Gawein und seine mit Panzer, Schwert und Schild ausgerüsteten Begleiter für Kaufleute angesehen werden. „Das ist oft der Kaufleute Sitte“ heißt es. Und gar mancher Bericht über glücklich abgewehrte Angriffe zu Wasser wie zu Lande bestätigt es, daß der Kaufmann in der Regel ein streitbarer Mann war, der von seinen Waffen auch den entsprechenden Gebrauch zu machen verstand. Er vertraute auf seinen Gott, aber auch auf seine Faust.

Doch darf man diese Unsicherheit der Land- und Wasserstraßen nicht übertreiben. Weder lauerten an jeder Straßenecke oder in jedem Walde Räuber auf, noch hinter jeder Klippe oder in jeder Bucht Vitalienbrüder. Das glückliche Vollbringen der Fahrt war sicherlich die Regel, sonst bliebe es unerklärlich, daß ein Handelsverkehr nicht nur möglich war, sondern auch stetig wachsen konnte. Von den friedlich und erfolgreich verlaufenen Reisen redete man kaum, um so mehr von den durch Raub und Plackerei betroffenen. In diesen Fällen klagte man laut und vernehmlich, und die Räte der Städte ließen es an Beschwerden und Ersatzforderungen wahrlich nicht fehlen. Mochten diese nun Erfolg haben oder nicht, stets wurde viel Pergament und Papier verbraucht, und die sorgliche Aufbewahrung dieses umfangreichen Schreibwerks in unseren Archiven ist, neben den Aufzeichnungen der städtischen Chronisten, die Ursache, daß wir fast nur die Kehrseiten der Handelsreisen gründlich kennen. Den Handelsgewinn haben sie im allgemeinen nicht wesentlich zu schmälern vermocht, und sowohl die für viele andauernde Notwendigkeit der Handelsfahrten, als auch die zu allen Zeiten vorhandene Reiselust, ließ selbst gereifte Männer wenn nicht anders zum Pilgerstabe greifen, um dem Einerlei des heimischen Daseins eine Abwechslung zu schaffen.

Den heimgekehrten jungen Kaufmann erwartete in erster Linie natürlich die Arbeit des Tages in der Schreibstube und in den Räumen des Hauses oder auf den Kaufhöfen, einerlei ob er in das väterliche Geschäft oder in ein anderes eintrat oder sich selbständig machte. Erklärlicherweise erhalten wir über diese Seite des täglichen Lebens des Einzelnen von den Beteiligten nur spärliche Auskunft, und auch den Handelsbüchern und Handelsbriefen ist hierüber recht wenig zu entnehmen. Weit ergiebiger sind in dieser Hinsicht die bildlichen Darstellungen der alten deutschen Meister des Stichels und des Griffels, wie etwa Jost Ammans „Allegorie von dem Handel" (1585)[1], nur reichen sie zeitlich nicht allzuweit zurück und müssen wir manches der künstlerischen Phantasie zugute halten. Sie schildern in bunter Mannigfaltigkeit neben den Fahrten zu Wasser und zu Lande, An- und Verkauf von Waren aller Art, Empfang und Versand, Ein- und Auspacken, Wiegen und Messen und so fort, am eingehendsten jedoch die Tätigkeit in der Schreibstube. Die Buchhaltung, das Kassageschäft und die Abfertigung von Briefboten werden mit sichtlicher Vorliebe behandelt; ja Amman führt uns in diesem Zusammenhang sogar die Sprachenkenntnis bildlich vor:

Der Sprachen Wissenschaft hab ich,
Drumb fordert auch der Handel mich,
Ich kauff dardurch recht alle Wahr,
Vertreibs ohn Schaden und Gefahr.

So lautet die Erläuterung, mit der Neudörfer in schlechten Reimen den Holzschnitt begleitet.

---

[1] Einen vortrefflichen Abdruck von den Originalholzstöcken in Maihingen veranstaltete 1878 Huttler in München. Weniger gelungene Reproduktionen einzelner Szenen bei Steinhausen, Der Kaufmann (Monograph. z. d. Kulturgesch. II) und a. a. O. Im allgemeinen berücksichtigen die Künstler vorwiegend Süd- und Westdeutschland, und so dürfen auch die Ammanschen kaufmännischen Gewölbe mit ihren Tischen, Stühlen und sonstiger Ausstattung keineswegs auf norddeutsche Verhältnisse übertragen werden. Die meisten der sog. Kleinmeister behandeln in der Hauptsache das gesellige Leben. Vgl. außer den Abbildungen bei Steinhausen (darunter zu S. 64 der Lübecker Marktplatz c. 1580, leider stark verkleinert), Hirth's Kulturhist. Bilderbuch und das bei Diederichs in Jena im Erscheinen begriffene Werk: „Deutsches Leben der Vergangenheit in Bildern". Bisher drei Lieferungen.

Auf der wundervollen bronzenen Grabtafel des Bürgermeisters Tideman Berk in der Marienkirche zu Lübeck erblicken wir unter den Darstellungen aus dem Erdenleben einen jungen Kaufmann zuerst am Zahltisch, dann die rechte Hand beteuernd an die Brust legend. „Nu pin ic om goed — flau is miin moed“ erklärt das Spruchband[1]. Und Sorgen aller Art werden gewiß gar manchen oft bedrückt, wohl auch erdrückt haben. Der Durchschnittskaufmann wurde davon wenig angefochten und überarbeitete sich kaum. Der jetzige hastige Geschäftsbetrieb mit Telegraphen und Telephonen war ebenso unbekannt wie das Wort „Zeit ist Geld“. Aehnlich wie die Damen heutzutage bei Auswahl und Ausstattung ihrer Kleidung alles reiflichst erwägen und überlegen, so bedachte auch der mittelalterliche Kaufmann sich bei jedem Geschäft geraume Weile. Feilschende und streitende Geschäftsleute werden uns oft geschildert, und dementsprechend schreibt der Nürnberger Paumgartner seufzend seiner Frau von der frankfurter Messe aus, „wird noch Schreiens und Zankens genug geben“.

Zwar erhob man sich früher aus den Federn, um der Frühmesse beiwohnen zu können. Ihr folgte das gemächliche Verzehren der Morgensuppe; dann geht es an die Arbeit, es sei denn, daß der Kaufmann als Mitglied des Rates zur Sitzung eilen muß. Bald nach 11 Uhr stellte sich der Hunger wieder ein und das Mittagessen bescheerte eine längere Ruhepause. Nachmittags ging man wieder den Berufsgeschäften nach, wurde jedoch zwischen 4 und 5 Uhr zum Vesperbrot erwartet, und dieses setzte in der Regel dem Arbeitstage ein Ziel. In drangvollen Zeiten, nach Ankunft oder vor Abfahrt von Flotten z. B., wird gewiß mancher sich noch des Abends in die Schreibstube verfügt und seine Geschäftspapiere erledigt haben, aber die meisten werden auch dann der Mahnung der Frau Magdalena Paumgartner gefolgt sein. Sie sandte ihrem Gemahl in die frankfurter Messe Backwerk und Obst, damit er nach der Nachtarbeit „nit so gar mit leerem magen“ sich zu Bett lege.

Denn auf Essen und Trinken wurde unter allen Umständen ein großes Gewicht gelegt, dafür war aber die Sucht nach raschem

[1] Abb. bei Melde, Denkm. bild. Kunst in Lübeck, I, Taf. 5. Darnach stark verkleinert in Bau- u. Denkm. v. Lübeck. II, 395.

Gewinn ungleich weniger verbreitet als in unseren Tagen. Man war zufriedener mit sich und der Welt, und sehnte sich meist nur nach einem ruhigen und behaglichen Lebensabend. Dieses Ziel zu erreichen gestattete aber die viel einfachere Lebenshaltung auch bei geringerem Arbeitsaufwand.

Fraglos war das Leben bis tief in das 15. Jahrhundert hinein ein weit härteres und ärmlicheres als in dem folgenden Zeitalter, da von Italien und vielleicht noch mehr vom burgundischen Hofe her Prunk und Luxus langsam nach Deutschland vordrangen. Einrichtung und Ausstattung des Hauses waren enge, der Raum zum größten Teil geschäftlichen Zwecken vorbehalten. Erst im 15. Jahrhundert dehnten sich die Wohnräume und gewann das Behagen der Stube zugleich mit den Glasscheiben in unsere norddeutschen Städte Eingang. Kein Wunder, daß man bei dem durch diese Verhältnisse bedingten Mangel einer häuslichen Geselligkeit, den Trieb darnach auswärts zu befriedigen suchte und jede sich darbietende Gelegenheit gründlichst ausnutzte. Jener genossenschaftliche Sinn, der das Mittelalter kennzeichnet, hat eine seiner Wurzeln auch in diesen wohnlichen Verhältnissen, und er veranlaßte die zahlreichen kaufmännischen Brüderschaften, Gilden, Kompagnien usw., die er allerorten ins Leben rief, für ihre Angehörigen Stätten zu bereiten, welche nicht blos beruflichen Zwecken, sondern mehr noch solchen des geselligen Verkehrs zu dienen hatten. Die Artus- und Junkerhöfe, Seglerhäuser und Schüttinge, Bursen und Säle und wie diese Versammlungs- und Trinkstuben heißen mochten, sie boten den Mitgliedern der Kaufmannsvereine die Möglichkeit, sich nach des Tages Last und Mühen auszuruhen und zu vergnügen. Die Bergenfahrer in Lübeck, deren geselliges Leben bisher am besten erforscht ist, weilten des Sommers im Norden, hielten aber dafür im Winter ihren Schütting allabendlich offen, auch des Sonntags. Gästen gewährten sie gern den Zutritt, hielten Spielleute, veranstalteten hier und da Tanzbelustigungen, verboten dagegen seit 1402 das Würfelspiel und verzapften nach 10 Uhr kein Bier mehr. Die Verwaltung und Aufrechterhaltung der Ordnung bei den Gelagen war Sache der alljährlich neu gewählten Schaffer, welche auch die Strafgelder für Ausschreitungen und Unbotmäßigkeiten einzuziehen hatten. Die Betonung der Beschädigung der zinnernen Trinkkannen durch Wurf oder Schlag erweist, daß es nicht selten recht lebhaft hergegangen sein muß, nicht minder die Vorschrift, daß wegen Zwisten, die im Schütting vorgefallen, Niemand sein Recht außerhalb des Hauses suchen dürfe bei Strafe von einem Liespfund Wachs. Dafür wurden freilich 1527 im Verlauf von 22 Wochen 34½ Last Bier = 414 Tonnen verzapft[1].

Anderwärts wird es ähnlich hergegangen sein, und darf man den Besuch dieser Klubhäuser wohl als die gewöhnliche Abendunterhaltung des Kaufmanns betrachten[2]. Doch lockten auch die Ratsweinkeller und die im 15. Jahrhundert sich mehrenden hamburger, einbecker oder sonstigen Bierhäuser sowie die Fremdenherbergen sicherlich manchen an, zumal diese ihre Räume nicht so frühzeitig schlossen wie jene. Daneben gab das Kirchenjahr mit seinen vielen Feiertagen reichliche Gelegenheit zu geräuschvollen Festlichkeiten, an welchen Hoch und Nieder, die Geistlichkeit nicht ausgeschlossen[3], sich nach Kräften vergnügten. Am gründlichsten wurden die Zeit zwischen Weihnachten und hlg. drei Könige und die letzten drei Tage vor Beginn der Fasten gefeiert; namentlich die letzteren wurden mit Tanz und Gesang, Spiel und Vermummung, Auf- und Umzügen verherrlicht. An diesen Tagen ruhte das Auge des Gesetzes und ließ die wohllöbliche Obrigkeit Gnade vor Recht ergehen, wenn die Ausgelassenheit der Masken oder die Derbheit der Scherze die Grenzen der Schicklichkeit überstiegen. Sie waren und hießen „dorendage", an denen die gesamte Einwohnerschaft, Alt und Jung, den ehrsamen Rat mit einbegriffen, das Bedürfnis

---

[1] 1526 in 14 Wochen 23½ Last.

[2] Darauf weisen auch die Testamente vielfach hin. 1374 vermacht ein Lübecker „meis sodalibus proprie minen lachbroderen" ein halbes Ohm Rheinwein (ca. 70 Flaschen); 1337 ein anderer 68 mit Namen aufgeführten Personen — fraglos lauter Genossen der lübecker Zirkelbrüderschaft — ein Fuder boni vini Rynensis, quod letis cordibus bibant amore mei, quando major pars dictarum personarum inuicem est congregata, tali condicione interposita, quod in hoc respici non debeat, quod 10 personae aut plures sint absentes. U. ä. m.

[3] Vgl. das ergötzliche Schreiben des lübecker Protonotars Hermann von Hagen an Johann Hertze über das Verhalten eines Vikars, der „dessen gantzen vastelavent alse een Holsten Hennecke up eneme esele up der straten in alle vrowen lage und in den winkeller gereden" war. 1437, Lüb. UB. 7 Nr. 727.

nach Erheiterung und Abwechslung zu befriedigen suchte und übermütigem Frohsinn Tür und Tor öffnete. Entsprechend ihrer sozialen Stellung spielte die Kaufmannswelt, und zumal deren jugendlichere Hälfte, dabei eine hervorragende Rolle. In Lübeck durchfuhr sie, von den Frauen begleitet, auf hoch aufgebauten Wagen die Straßen der Stadt, um auf offener Gasse Schauspiele aufzuführen. In Göttingen sammelten die „kunstaveler“, unter Vorantritt von Pfeifern und von Frauen unterstützt, von Haus zu Haus „Pfänder“ ein, d. h. Speise und Trank[1], ähnlich wie es in Köln beim Karneval noch vor wenigen Jahren herging[2]. An dergleichen Scherzen fehlte es nirgends und unfraglich war man überall bestrebt, sich auf den Eintritt der stillen Zeit durch verdoppelten Lärm und Unfug würdig vorzubereiten.

Neben den kirchlichen Festtagen, die über das ganze Jahr verteilt waren, boten Mai-, Pfingsten-, Schützenfeste und die Jahrmärkte mit ihren Glückshäfen, Akrobaten, Possenreißern und sonstigen herumziehenden Künstlern, auch wohl fürstliche Besuche, keineswegs seltene Gelegenheiten zu Freude und Frohsinn. Dagegen blieben alle feineren Lebensgenüsse der weitaus großen Mehrzahl fremd, selbst die Pflege der Hausmusik eroberte erst im 16. Jahrhundert sich weitere Kreise. Speise und Trank, Kleidung und Schmuck, Tanz und Spiel waren und blieben die vornehmsten Vergnügungen, doch erweisen die zahlreichen städtischen Verordnungen, daß auf diesen Gebieten des geselligen Lebens schon im Laufe unserer Periode erhebliche Wandlungen stattfanden. Nicht zum Besseren! Wie in anderen Landen läßt sich auch im hansischen Bereich deutlich verfolgen, daß etwa seit der Mitte des 14. Jahrhunderts eine Steigerung des Aufwandes eintritt. Sie ist zum Teil ein erfreuliches Zeugnis für die Zunahme der Wohlhabenheit, zum anderen äußert sie sich jedoch hauptsächlich in dem gegenseitigen Überbieten bezüglich rein materieller Dinge. Die Zahl der Gerichte bei Festlichkeiten nimmt zu und damit der Verbrauch geistiger Getränke. Die Kochkunst macht keine erheb-

[1] Die göttinger Juden lösten 1447 diese am Neujahrsabend und am Fastnachtmontag stattfindenden Besuche der jungen Gesellen von der Burse (eine Gesellschaft junger Kaufleute) mit 1½ Stof Wein pro Kopf ab. Bis dahin hatte jeder dem Besuch ein Stof verabfolgen müssen.

[2] Vielleicht auch noch hergeht. Meine kölner Erfahrungen datieren aus den siebziger Jahren des 19. Jahrhunderts.

lichen Fortschritte, dafür wird die Quantität der aufgetragenen Speisen vermehrt. Bei den Getränken wiederum tauchen feinere Weinsorten, bessere Biere und schließlich gegen Ausgang des 15. Jahrhunderts der gebrannte Wein auf. Bei den Spielen gesellten sich zu dem alten Brett- und Schachspiel und den verpönten Würfeln die alsbald gleichfalls verbotenen Karten. Vollends nimmt der Aufwand in bezug auf die Kleidung zu. Dem häufigen Wechsel der Mode huldigen gleichmäßig Männlein und Weiblein, mindestens in ihren jüngeren Jahren, und mit der Kostbarkeit der Trachten wächst auch die der Schmuckgegenstände aller Art. Der Edelsteinhandel blüht auf und mit ihm das Gewerbe der Gold- und Silberschmiede, deren Metallbedarf hier und da den städtischen Münzen Besorgnis einflößt. Das Eifern der städtischen Räte gegen diesen schier unaufhaltsam fortschreitenden Prozeß war ein vergebliches Beginnen, waren doch an ihm ehrsame Ratmannen redlich mitbeteiligt, und die Geldbußen, falls sie eingetrieben wurden, nicht unerschwinglich.

Dem Tanze erging es ähnlich. Gehuldigt wurde ihm zu allen Zeiten von Alt und Jung, doch unterlagen die älteren Reihentänze und paarweisen Umgänge, die wir heute törichterweise Polonaisen nennen, mancherlei Wechsel, den wir wiederum hauptsächlich aus künstlerischen Darstellungen kennen lernen. Sittsam ging es dabei nicht immer her, und die Obrigkeiten sahen sich recht häufig veranlaßt, Ausschreitungen zu rügen. Eine göttinger Verordnung, welche den Tanz mit verdecktem Antlitz verbietet, fügt hinzu: „We hir uppem kophuse dantzen wil, is sy to brudlechten edder anders, schall hovesliken unde tuchtigen dantzen, neyne bydantze maken, nicht ropen noch eyn den andern schuppen edder affstoten, noch ummespringen edder de jungfruwen edder megede ummewerpen, noch neynerleye ungesture driven edder oeven“.

Die Ausgelassenheit der Jugend nahm dazumal vielleicht groteskere Formen an wie heutzutage, dafür herrschten auch andere Anschauungen von Anstand und Sitte. Von dem mehrfach erwähnten Franz Wessel vernehmen wir, daß er nach dem Tode des gestrengen Vaters mit 22 Jahren selbständig geworden, „lerede grote pass drincken, glese tobyten, stücke upeten, ut ener tunne in de andere springen etc., unde leth sick sehen in kösten, gelöfften, collatien unde andern orden, dar he der weldt denen mochte“. Er genoß in Stralsund offenbar das Ansehen eines vollendeten Kavaliers, aber er war zugleich ein tüchtiger Kaufmann, und tat sich auch durch Mut und Umsicht bei den damaligen Kämpfen von Stralsund mit den Dänen hervor.

Diesen überwiegend auf substantiellen Genuß abzielenden Lustbarkeiten gegenüber befremdet es gewissermaßen, daß der Sinn für die Schönheiten der Natur bei dem weitgereisten Kaufmann herzlich gering ausgebildet war. Die Freude an der Bewegung im Freien, an dem Spaziergang vor den Toren, an der Pflege von Gärten und Blumen, sie fehlte dem mittelalterlichen Städter ebenso wie den meisten neuzeitlichen Europäern im östlichen Bereich unseres Weltteils. Gegen Ausgang des 15. Jahrhunderts gewann sie im hansischen Gebiete langsam an Boden, doch hören wir erst aus dem 16. Jahrhundert von Lustbarkeiten in Gärten. In der Regel hat dann ein jeder sich sein Essen selbst mitzubringen, wird also eine Art von Piknik veranstaltet. Auch die Jagd wird von den Bürgern wenig ausgeübt, höchstens fing man in den Mußestunden Vögel und Hasen mit Fanghölzern, sog. Kolben, mit Schlingen oder mit dem Vogelherde. Das Streben der hansischen Kaufleute, es dem Adel auch hinsichtlich des Waidwerks gleichzutun, stellte sich erst ein, als die Eitelkeit, für mehr gelten zu wollen, alle Schichten ergriffen hatte. „Es helt sich niemand nach seinem stand mehr in hohen und niedern ständen. Was ein bauer sihet vom bürger, das wil er hinnach thun; was der bürger vom edelman sihet, das wil er hinnach thun; was der edelman vom fürsten sihet, das wil er hinnach thun, das es im schmuck und pracht so hoch kommen ist, das es vor grosser ubermasse schier selbs fallen muss“, so ruft seufzend ein Moralist des 16. Jahrhunderts aus.

Dieser Mangel an Natursinn haftete übrigens dem gesamten Mittelalter an, und ein gründlicher Wandel trat erst im 18. Jahrhundert ein: wir werden deshalb den hansischen Kaufmann trotz seiner Reisen darum nicht verdammen dürfen. Er blieb auch in dieser Hinsicht ein Kind seiner Zeit.

Tanz und Schmausereien hätten, so sollte man meinen, dem jungen Kaufmann Gelegenheit genug bieten müssen zur Umschau unter den Töchtern der Stadt behufs Gründung eines eigenen Hausstandes. Das war jedoch nicht der Fall. Die Sorge für Verlobung und Heirat wurde dem zukünftigen Paare von den Eltern abgenommen, nicht nur in bürgerlichen Kreisen; sie wurde als ein Geschäft betrachtet, welches nüchtern und kaufmännisch erledigt sein wollte. Der Rat des nürnberger Barbierers Hans Folz, man solle das Heiraten lassen, wenn man kein Geld habe, wurde ebenso beherzigt, wie der Spruch des ein Jahrhundert älteren Heinrichs des Teichners:

Swer ein wip nemen sol,
der tuot weder minr noch mêr
als ein koufman, der nach lêr
siner friunde koufen tuot.

Männer, die ihr Vermögen durch eigenen Fleiß erworben haben, wie die Mehrzahl der lübecker Bergenfahrer, können deshalb erst in vorgerückterem Lebensalter zur Ehe schreiten. Sie richten ihr Augenmerk vornehmlich auf wohlhabende Witwen, wie Sarnau für Jakob Lubbe, oder überlegen alles recht reiflich, wie der schon erwähnte Vater des Bürgermeisters Heinrich Brockes[1]. Nachdem er sich vom Kannengießer zum ansehnlichen Großhändler heraufgearbeitet, „hat er viele gute mittel und wege nach seiner gelegenheit gehabt, sich zu verehelichen, ist aber sehr sorgfältig darin gewesen und nicht leichtlich zuplatzen wollen. Endlich im 39. jahre seines lebens hat er sich mit einer jungfrau eingelassen, welche nicht von grossem reichthum war, aber wohlgestalt, wohlerzogen und von guten ältern und freundschaft. Mit derselben hat er an brautschatz, ingedömt und reschaff bekommen ungefähr 2000 mark, eins für alle, denn er hat ihretwegen nichts geerbet“. Die Hochzeit kostete 195 Mark (1559).

Bei jüngeren Leuten, sie bildeten die Mehrzahl, verhandelten die Eltern oder die Vormünder häufig durch Mittelspersonen und ohne daß die zu beglückenden Kinder etwas davon wußten. Höhe der Mitgift, Brautschatz, Bestimmungen für den Todesfall mit und ohne Leibeserben wurden eingehend erörtert, und über dem Hin- und Herhandeln verging nicht selten geraume Zeit, bevor eine Vereinbarung zustande kam. Als Hermann Weinsberg derart

[1] S. S. 17 Anm. 1.

den einen seiner Brüder glücklich verlobt hatte, saß die Braut bei dem der Verlobung nachfolgenden Essen zwischen den beiden unverheirateten Geschwistern und erklärte hinterdrein, „sei hab dissen abent tuschen minem broder Christian und Gotschalk nit gewist, wer under in beiden der brüdegam gewest were“!

Solch unbehagliche Lage wird, wie wir hoffen, den Bräuten nur selten beschieden gewesen sein. Vielerorten waren sie dagegen geschützt durch die Zerlegung des Verlobungsaktes in zwei oder, wenn man will, drei Teile. Hatten Eltern oder Vormünder sich über alle Punkte geeinigt, so erfolgte zunächst der „Zuschlag“, d. h. die Bedingungen wurden vor Zeugen nochmals mündlich oder schriftlich festgestellt. Diesem „toslach“ folgte der „upslag“, kirchliches Aufgebot und offizieller Verlobungsschmaus, oft nach geraumer Zeit. Bei Franz Wessel lagen vier Monate dazwischen, doch durfte er nach der stralsunder Ordnung bereits nach dem Zuschlag „up den avent tor brut gan“, ja sogar Gäste in beschränkter Zahl mitbringen, nur mußte er spätestens um 11 Uhr sich wieder heimbegeben[1]. Anderwärts war es Brauch, daß der zukünftige Ehemann, sobald „man der sachen eins“ war, „der stat trumpeter in der nacht musick vur der brut haus spilen“ ließ. Das Nachtständchen vertrat in diesem Falle gewissermaßen die Stelle unserer Verlobungsanzeigen, nur daß sich damit Aufgebot und offizielles Verlobungsessen keineswegs erübrigten. Auf dem Aufgebot, welches erst im 15. Jahrhundert begegnet und im 16. obligatorisch wird, bestand die Kirche; das seit jeher niemals fehlende Essen erheischten die zärtliche Teilnahme und der gute Appetit der beiderseitigen Anverwandten.

Die Hochzeit endlich, die werscop oder brutlacht, pflegte der Verlobungsfeier alsbald nachzufolgen, und die bei beiden Gelegenheiten stattfindenden Festlichkeiten gaben den Räten wiederum Anlaß zu eingehenden Ordnungen. Mochten beide, Verlobung und Hochzeit, in den Häusern der Eltern oder auf Rat- und Kaufhäusern oder in den jüngeren, geradezu Hochzeitshäuser genannten

[1] In Riga war man strenger. Dort durfte der Bräutigam erst im letzten Monat vor der Hochzeit „samelinge edder trecke maken to der brud“ (Burſprake v. 1384).

Gebäuden gefeiert werden: stets sah man sich von Obrigkeits wegen genötigt, der übermäßigen Prunksucht zu steuern. Sowohl hinsichtlich der Kostbarkeit der Kleidung, Geschenke[1] und Trinkgelder als auch bezüglich der Zahl der einzuladenden Gäste, der Menge der aufzutischenden Gerichte und Getränke und der Dauer der Festlichkeiten.

Diese begannen bei der Hochzeit in der Regel mit dem gemeinschaftlichen Besuch einer öffentlichen Badestube. Er entsprach etwa unserem Polterabend. Denn wie die Badestuben, namentlich im 15. und 16. Jahrhundert nicht nur um der Reinlichkeit, sondern auch um der geselligen Unterhaltung willen benutzt und aufgesucht wurden, so wurden auch zum „Brautbade" Freunde und Freundinnen geladen und mit Speise und Trank bewirtet, worauf gemeiniglich ein Tanz nachfolgte. Am Hochzeitstage dagegen wurde die kirchliche Einsegnung gern am frühen Morgen vollzogen. Sie setzte sich übrigens nur langsam seit dem 13. Jahrhundert durch und hat die Laientrauung erst im 16. Jahrhundert vollständig verdrängen können. Die Kirche verlangte überdies, daß das Brautpaar nüchtern eingesegnet werde, gleichwie der Priester seine erste Messe nüchtern lesen muß; das war jedoch eine zu starke Zumutung, und mehr Erfolg hatten die weltlichen Obrigkeiten mit ihrer Vorschrift, daß die Brautleute mit Gefolge um 9 Uhr aus dem Hause sein müßten, damit die Frühbewirtung der Verwandten und Freunde nicht zu lange dauere[2].

Der Zug zur und von der Kirche gestaltete sich bei allen Ständen so prächtig wie nur möglich, ebenso das Festmahl, welches an die Trauung sich meist unmittelbar anschloß. Bei dem reichlichen Essen sorgten Musik, Gesang und mitunter sogar mimische Darstellungen für zweckmäßige Pausen, und vor allem trat auch hier der Reigen in sein Recht ein. Während des Mahles und vollends nach dem Mahle wurde getanzt. War das letzte Gericht verzehrt, so erfolgte die Darbringung der Hochzeitsgaben,

---

[1] Das angehende Paar beschenkte einander nur mit geringen Gaben. Er widmet ihr meist ein Paar Pantoffeln, sie ihm ein Badehemd und seit dem 16. Jahrhundert auch ein „nesedok".

[2] Die Trauung des einen Bruders von Hermann Weinsberg erfolgte allerdings 1554 „des morgens seir froe, umb 4 uren", aber Weinsberg hebt es auch als Ausnahme hervor.

auch sie schon früh Gegenstände wetteifernden Aufwandes, für den man sich an Speise und Trank schadlos zu halten suchte[1].

War über alle dem der Abend herangekommen, so wurde das junge Paar von den Eltern und in der Regel von der gesamten Hochzeitsgesellschaft nach Hause in die Brautkammer geleitet, bei hellem Kerzen- oder Fackellicht und unter Vorantritt der Spielleute. Die alte rechtliche Bedeutung dieser Sitte war in unserer Periode dem Bewußtsein der meisten wohl bereits entschwunden, aber der Brauch hat sich, wiewohl modifiziert, an fürstlichen Höfen bis auf unsere Tage erhalten, während andere Bräuche, wie die Verteilung oder das Austanzen des Brautkranzes und der Brautschuhe[2] auch in weiteren Kreisen noch in Übung sind.

Am nächsten Morgen fanden Verwandte und Freunde schon in aller Frühe sich ein, um das junge Paar zu begrüßen und mit ihm das Frühstück einzunehmen: „das Brauthuhn zu verzehren", denn ein gebratenes Huhn und Eierkuchen durften dabei nicht fehlen. Der junge Gatte bescheerte seiner Gemahlin die, vielfach vorher stipulierte, Morgengabe, welche das frei verfügbare Eigentum der Frau verblieb und nach ihrem kinderlosen Tode vor dem Manne an ihre Verwandten vererbte — ein Anlaß zu vielen Prozessen —, worauf die Gesellschaft sich wie Tags zuvor in die Kirche begab, um der Messe beizuwohnen. Dieser Kirchgang war schon lange Zeit Sitte, bevor die kirchliche Trauung sich durchgesetzt hatte. Heimgekehrt, setzte man sich wieder zu Tische und verbrachte den Tag in ziemlich gleicher Weise wie den vorhergehenden.

Solche dreitägige Feiern kann man für die wohlhabenderen Kaufleute als die Regel bezeichnen; geringer bemittelte begnügten sich auch mit zwei Tagen, reichere dehnten die Feste noch länger aus. Verlauf und Wesen blieben die gleichen. Denn die Abhaltung dieser Festlichkeiten in den öffentlichen Gebäuden wegen Beschränktheit der häuslichen Räume minderte zwar gewiß nicht die Festesfreude, wohl aber ließ sie eine Eigenart für die einzelnen Veranstaltungen in nur sehr beschränktem Maße Platz greifen.

---

[1] Gentzkow erzählt gelegentlich, daß sein Geschenk (an Nichtverwandte) „kostede mi 1 mark, dar dranck ich wol vor"!

[2] Jetzt an den Höfen und auch sonst ersetzt durch Strumpfbänder.

Das junge Ehepaar erhielt, selbst in recht wohlhabenden Kreisen, nach der Hochzeit häufig „Wohnung, Kost und Unterhalt“ in dem elterlichen Hause des einen oder des andern Teiles. Ihm sollte in der Zeit des zunehmenden Luxus der Beginn des Haushalts erleichtert werden, und so finden wir diese Sitte im 15. bis 16. Jahrhundert weit häufiger als früher. Doch geben vielfach rein kaufmännische Rücksichten den Ausschlag: der Schwiegersohn trat in das Geschäft des Schwiegervaters ein, oder das Heiratsgut der jungen Frau muß dem Betriebe des Mannes und dessen Eltern aufhelfen. Die Eheberedungen gewähren in dieser Hinsicht ein recht mannigfaches Bild und lassen im Laufe der Zeit die Kaufmannsfrau immer selbständiger und handlungsfähiger erscheinen. Namentlich wenn Witwen zu der zweiten oder mehrfachen Ehe schreiten — in Köln heiratete 1498 eine zum 7. Male — behalten sie sich vielfach die selbständige Führung ihres Geschäfts und ihrer Kasse vor. Die Mitteilungen von Hermann Weinsberg über seine zweite Ehe mit einer Witwe geben darüber eingehende Auskunft; selbst als das Ehepaar eine Vergnügungsreise in die Niederlande unternimmt, führt es gesonderte Rechnung: „ich hab vur min heubt verzert bei 12 daler, min hausfrau auch wol so fil us dem iren“. Aehnliches scheint, mindestens im 16. Jahrhundert, häufig der Fall gewesen zu sein, wenn der Mann Mitglied des Rates war. Die Frau des rechtsgelehrten Bürgermeisters Dr. Gentzkow von Stralsund z. B. kaufte und verkaufte Getreide, Fische usw., und ließ sich wiederholt vom Gatten Auslagen wiedererstatten, die sie für Kleidung und Unterhalt ihrer gemeinsamen Kinder bestritten hatte. Aber auch andere Frauen hielten den Daumen nicht minder energisch auf dem Beutel und wußten die Zeit, die ihnen nach Erfüllung ihrer nächstliegenden Pflichten noch übrig blieb, nutzbringend für ihr Haus zu verwenden. Der eheliche Friede wurde dadurch nicht gestört, und wenn wir von ihm naturgemäß wenig hören, so sind doch sicher die Ehen dazumal in der weit überwiegenden Mehrzahl ebenso glücklich verlaufen wie in der Jetztzeit. Dafür zeugt auch die weit größere Häufigkeit der Ehen. An bösen Weibern hat es nicht gefehlt, umgekehrt auch nicht an bösen Männern, nur ist von den letzteren weit seltener die Rede. Wenn wir jedoch den ausschließlich männlichen Dichtern und Künstlern jener Tage vertrauen dürfen, so endeten etwaige Zwiste um das Regiment im Hause — der Kampf um die Hosen, wie man damals zu sagen pflegte — in der Regel mit dem Siege der Frauen. Den meisten Gatten wird es indessen ergangen sein wie Hermann Weinsberg mit seiner zweiten Frau. Sie setzte ihm mitunter arg zu, aber „do die stupen uber waren, haben wir uns gesonet“.

Für solch guten Ausgang ehelicher Auseinandersetzungen und ein im ganzen herzliches Verhältnis der Ehegatten sprechen auch die freilich seltenen Nachrufe und wenigen Familienbriefe, die uns aus hansischen Kaufmannskreisen überliefert sind. Die Form der Briefe erinnert an die knappen und trockenen geschäftlichen Schreiben, aber die vielfach holprigen und schwerfälligen Ausdrücke lassen deutlich genug wahrhafte Zuneigung erkennen. Weit weniger tritt diese in den Testamenten zutage, doch müssen wir uns da des Umstandes erinnern, daß die Heiratsverträge bereits alle Vermögensverhältnisse der Gatten geregelt hatten, der letzte Wille dagegen in erster Linie dazu dienen mußte, für das künftige Seelenheil des Erblassers Sorge zu tragen.

Wir können uns heute schwer eine Vorstellung davon machen, wie arg der Gedanke an den Verbleib der Seele nach dem Tode auf dem mittelalterlichen Menschen gelastet, und wie stark die von der Geistlichkeit mit Vorliebe ausgemalten Schrecken des Fegefeuers auf ihn eingewirkt haben. Der Hinweis, daß gute Werke, Seelenmessen, Fürbitten Dritter, milde Stiftungen, Schenkungen an Kirchen und dergleichen mehr die Dauer des peinvollen Leidens nach dem Tode abzukürzen imstande, fiel unter diesen Umständen auf einen überaus empfänglichen Boden. Bedachte man nun bereits bei Lebzeiten um des Seelenheils willen gern Arme und Aussätzige, sammelnde Nonnen und Mönche und nicht zuletzt auch die Pfarrer und Vikare, so traf man vollends für den Todesfall zahlreiche Verfügungen zu milden Zwecken und zugunsten der Kirche. Ja in kindlich naiver Weise hoffte man sogar, für sich Gnade zu erlangen wenn man Summen aussetzte, damit Fremde gegen Entgelt barfuß Wallfahrten unternähmen oder auch außerhalb der Fasten sich des Genusses von Fleisch enthielten. Man ersparte sich selbst derart Mühen und Entbehrung und lastete sie gegen Bezahlung Dritten auf in der Hoffnung, dadurch rascher zu den Freuden des Himmels zu gelangen. Gewiß lassen sich aus den

Testamenten viel Züge schöner und werktätiger Menschenliebe anführen, und der Fürsorge für Gesellen und Lehrlinge, für arme Verwandten und Angehörigen ist bereits oben gedacht, aber voransteht durchweg die einen allerdings selbstsüchtig anmutende Sorge für das persönliche Wohlergehen im Jenseits.

Im Einklang damit ist es auffallend, wie häufig die Kinder geradezu benachteiligt werden durch das Uebermaß der Vergabungen, und wie wenig, man kann fast sagen gar nicht, der Erhaltung des eigenen Geschäfts gedacht wird. Der Erwerbstrieb, die auri sacra fames, war ganz ohne Frage zu allen Zeiten vorhanden, und er hat jeden tüchtigen Kaufmann beseelt, aber der Sinn für ein dauerndes, auf die Nachkommen zu vererbendes Wachstum und Gedeihen der eigenen Handlung — der Firma, würden wir sagen —, war in den hansischen Kreisen der älteren Zeit nach den Testamenten zu urteilen in sehr geringem Umfang ausgebildet. Gerade die Männer, welche ihren Wohlstand der eigenen Arbeit und Tüchtigkeit zu verdanken hatten, sorgen testamentarisch am ehesten dafür, daß ihre Kinder womöglich ebenso von vorne anfangen mußten, wie sie selbst es getan. Ein Zug, der gegenüber den Klagen über die parteiische Beschaffenheit des städtischen Regiments nicht außer Acht zu lassen ist. — Im Laufe des 15. Jahrhunderts tritt hierin allerdings ein bemerkbarer Umschwung ein, dennoch dauert das Vorwiegen der Rücksichtnahme auf das eigene zukünftige Wohl auf Kosten des Wohles der Kinder an bis in das 16. Jahrhundert[1]. Eine Geschichte des Familiensinnes findet in dieser Hinsicht in den kaufmännischen Testamenten reichlichen Stoff.

Nahte sich die Stunde des Scheidens, so ließ ein Jeder, der von ihr nicht überrascht wurde, die Gnadenmittel der Kirche und die Sterbekerze sich reichen. Die bildlichen Darstellungen von Sterbeszenen veranschaulichen regelmäßig beides. Dagegen scheint die Sitte des Johannistrunkes am Sterbelager, welche den Wunsch des Wiedersehens versinnbildlicht, nur in Mitteldeutschland üblich gewesen zu sein. Das Begräbnis erfolgte meistens bereits am

[1] Franz Wessel setzte noch 1565 ein Testament mit sehr reichen Gaben auf und erklärte, scholde yd ok syn sone Hans missen, so sollten doch die Armen genug haben.

Tage nach dem Hingang und auch bei ihm griff der Luxus im Laufe der Zeit immer mehr um sich. Die Obrigkeiten mußten schließlich allerorten der unnützen Pracht und dem Pomp bei Ueberführung der Leiche in die Kirche, beim Seelenamt und der Bestattung[1], bei den Totenmessen am 7., 30 und am Jahrestage, und vor allem dem Aufwand bei den Totenschmäusen entgegentreten. Auch bei diesem Anlaß waren es vornehmlich materielle Genüsse, welche den Hinterbliebenen über den Schmerz hinweghelfen sollten.

Wer es vermochte, ehrte jedoch das Andenken an den oder die Heimgegangenen durch ein Denkmal, Schild oder Grabstein, sei es in der Kirche sei es auf dem Kirchhof. Auch mit diesen Zeichen der Erinnerung wurde viel Verschwendung getrieben[2] und die Räte schritten vielerorten dagegen ein. Wir Nachfahren sind indessen in diesem Falle unsern Vordern dankbar, daß sie das Gesetz nicht beachtet haben. Wir würden die Fülle an prächtigen älteren Denkmälern, welche so viele unsrer Kirchen in hansischen Städten schmücken, nur ungern missen. Die Platten und Steine sind nur zum Teil heimische Erzeugnisse, aber sie lehren, daß der hansische Kaufmann neben dem Geschäft auch die Kunst zu schätzen wußte.

„Adieu eerdsche state,
Adieu melodie,
Jc moet myne strate,
Ghedinct miins Marie!“

---

[1] Beiläufig sei bemerkt, daß der Gebrauch des Sarges erst im 16. Jahrhundert von den oberen zu den niederen Kreisen des Volkes vorgedrungen ist. Die Leiche wurde in der Regel ohne Sarg zur Erde bestattet. Vgl. die Darstellungen von H. Burgkmair, wieder abgebildet bei Schultz, Das Leben, S. 441. Franz Wessel dagegen ließ sich 1549 bei Lebzeiten einen Sarg anfertigen und neben seinem Bette aufhängen; 21 Jahre vor seinem Tode! Er scheint darin gleichfalls Tonangeber der Mode in Stralsund gewesen zu sein.

[2] Thomas Murner geißelt sie in seiner Narrenbeschwörung nicht übel:

„Mancher hat vil grosser acht
Wie er im ein grebnis macht
Und wendt so grossen kosten an
Den grabstein muss er hoven lon
Das hündlin muss zuo füssen ston“ usw.

So lautet der Abschiedsspruch auf einer der schönsten unter allen erhaltenen Grabplatten.

Ein namenloser Cistercienser aus Schlesien, der seine Erfahrungen in dem seinem Kloster Leubus benachbarten Breslau gesammelt haben mag, greift den Kaufmann des 14. Jahrhunderts ingrimmig in schlechten Versen an:

„Item mundi mercatores
Qui sunt nisi fraudatores?
Semper fallere pretendunt,
Sive emunt, sive vendunt.
Deum sanctosque periurant
Et mentiri parum curant.
Quando boni nummi vadunt
Statim eos igni tradunt,
Et quod manet pagamentum,
Scarra est et non argentum.
Sic confundunt mundum totum,
Istud est ubique notum.
Pondus, numerus, mensura,
Simul omnis mercatura,
Sic per eos sunt infectae
Quod vix unus agit recte.

Spricht aus diesen Versen die sichtliche Entrüstung eines durch trübe Erlebnisse Gewitzigten, so läßt sein rheinischer Ordensbruder Caesgrius von Heisterbach zwei kölner Kaufleute neben anderem zwei Sünden beichten, „quae in se valde sunt magna, licet propter usum mercatoribus maxime parva videantur et quasi nulla, mendacium scilicet atque periurium. Domine, inquiunt, pene nihil possumus emere, nihil vendere, nisi oporteat nos mentiri, iurare et saepe periurare".

Aehnliche Zornesausbrüche oder Vorwürfe ließen sich unschwer aus allen Zeiten, in erdrückender Fülle aus dem 16. Jahrhundert zusammenstellen. Abgesehen von dem moralisierenden Eifer der Sittenprediger, gelangt in ihnen der Klassenhaß des verarmenden Ritters aber auch die Meinung des kleinen Mannes zum Ausdruck. Betrug und Warenverfälschung aller Art — namentlich beim Weinhandel, wie in unsern Tagen — Unredlichkeit und Wucher, sie werden dem Kaufmann im allgemeinen wie Einzelnen im besonderen vorgehalten. Ja, Erasmus von Rotterdam faßt sein Verdammungsurteil in die Worte zusammen: „die Kaufleute sind die törichteste und schmutzigste Menschenklasse“. Weiter konnte die Mißachtung nicht gehen. Die kaufmännischen Zeitgenossen des großen Humanisten werden hoffentlich sich über seinen einfältigen Ausfall ebenso getröstet und vielleicht selbst gelacht haben, wie ihre Vorgänger über die oben angeführten. Denn so gewiß die Beschuldigungen in vielen Einzelfällen berechtigt gewesen sind, der Kaufmannsstand im ganzen erhielt bereits in hansischer Zeit den Ehrentitel der Ehrbarkeit, und die kaufmännische Ehre blieb allen Anfeindungen gegenüber ebenso unversehrt wie die Unbescholtenheit des Standes[1]. Dazu lehren Handelsbriefe und Handelsbücher, Handelsgesellschaften und kaufmännisches Kreditwesen übereinstimmend, daß in den kaufmännischen Kreisen ein ganz außerordentliches Vertrauen obwaltete, welches nur auf Redlichkeit und Ehrlichkeit beruhen und nur bei dauernder Herrschaft von Treu und Glauben sich erhalten konnte. Vor allem aber zeugt für den Kaufmann die Stellung, die er allenthalben in seiner Vaterstadt einnahm und mit Erfolg ausfüllte. Die unbesoldeten Ehrenämter der Bürgermeister und Ratsmannen waren im hansischen Bereich allgemein den Angehörigen kaufmännischer Betriebe vorbehalten. Die Würden gewährten keineswegs nur Vorteil und Genuß, aber ihr Besitz legte die Leitung der äußeren und inneren Geschicke der Städte in die Hände von Männern, welche ihre Mitbürger in der Tat an Weite des Blickes und Sicherheit des Urteils überragten.

Denn man vergegenwärtige sich nur, welche Aufgaben der mittelalterliche Kaufmann im Gegensatz zum Kleinbürger zu bewältigen hatte. Neben Warenkunde, Rechenkunst und Buchführung mußte er Sprachen beherrschen, die Rechte, Zölle, Straßen, Münzen und Gewichte der Lande kennen, in die sein Handel ihn führte, Art und Weise der Menschen erkunden, mit denen er geschäftlichen Verkehr pflegte, denen er sein Hab und Gut anvertraute. Vieles konnte er davon nur auf Reisen erwerben, und diese erweiterten zugleich seinen politischen und geistigen Horizont, lehrten

[1] Von den zahlreichen Ordnungen der Hanse wie der Einzelstädte, welche die Auswüchse und Unregelmäßigkeiten des Handels bekämpfen, kann ich hier absehen.

ihn mit Fürsten und Herren verkehren und nicht zuletzt auf eigenen Füßen stehen. Die einzelne Persönlichkeit gelangte da ganz anders zur Entfaltung und zum Bewußtsein ihrer selbst, als es in dem Banne der heimischen Zunftstuben möglich war, und sie setzte heimgekehrt auch daheim sich durch.

Entstehung und Blüte der Hanse waren das Ergebnis schwerer und andauernder Arbeit: geleistet und geleitet hat diese vorzugsweise der Kaufmann.

FSC
www.fsc.org
MIX
Papier | Fördert gute Waldnutzung
FSC® C083411

Zeitfracht Medien GmbH
Ferdinand-Jühlke-Straße 7
99095 Erfurt, Deutschland
produktsicherheit@kolibri360.de